Joseph Heitmann

Jahresbericht der Realschule zu Crefeld. Schuljahr 1890-91

Veröffentlicht durch den Direktor der Realschule, Quossek

Joseph Heitmann

Jahresbericht der Realschule zu Crefeld. Schuljahr 1890-91
Veröffentlicht durch den Direktor der Realschule, Quossek

ISBN/EAN: 9783337202828

Hergestellt in Europa, USA, Kanada, Australien, Japan

Cover: Foto ©Paul-Georg Meister /pixelio.de

Weitere Bücher finden Sie auf **www.hansebooks.com**

Die Pronomina in dem altfranzösischen Epos
„Karls des Grossen Reise nach Jerusalem und Konstantinopel:"

§ 1. Die Personalpronomina.

I. Nominativ.

A. Die geschlechtlichen Personalia als Subjekt:
jo, tu, il, ele, nos, vos, il, —.

Vorbemerkung. Jo elidiert sein „o" nicht. cfr. v. 151. Sire, jo ai non Charles, 307; ferner 14. 51; in den letzten Fällen ist es allerdings invertiert 14. Encore en sai jo un qui . .; in v. 407 Car jo'n fereie puis totes mes volontez findet Apherese des folgenden Vokals statt.

Im Lateinischen genügen die Verbalendungen zur Andeutung des Subjekts, und es werden die Pronomina ego, tu, nos, vos, und die für die 3. Person eintretenden Demonstrativa nur dann gebraucht, wenn das Subjekt nachdrücklich hervorgehoben werden soll. Im Neufranzösischen wohnt dem Rest der ursprünglichen lateinischen und ebenso den neugebildeten Verbalendungen keine deiktische Kraft inne; die Sprache hat in dieser Hinsicht die bei der Entwickelung der romanischen Sprachen sich zeigende Tendenz, die Synthese zu Gunsten der Analyse aufzugeben, mit entschiedener Konsequenz durchgeführt: Es können die Pronomina als Subjekte nur beim Imperativ und in wenigen Redensarten ausgelassen werden, und nicht zufrieden mit den überkommenen lateinischen Nominativformen, nimmt die Sprache noch oft die aus lateinischen Accusativformen entstandenen vollen Formen moi, toi, lui, elle, nous, vous, eux, elles zu Hülfe. Das Altfranzösische und somit auch die Sprache unseres Gedichtes steht in diesem Punkte in der Mitte zwischen lateinischer und neufranzösischer Tendenz. Denn trotz der Verkürzung und Zerstörung, denen die lateinischen Endungen auch hier schon unterliegen, sind die übriggebliebenen Reste doch noch bemerklich genug, um in den meisten Fällen zur Personenbezeichnung auszureichen. Die vollen Formen mei, tei, lui etc. finden sich nie als Subjekt, selbst dann nicht, wenn sie absolut stehen. 140 Il et li doze apostle vos vienent visiter. 205. 699. 743. 807. Et jo, sire, la meie.

Bezüglich der Anwendung der Personalpronomina als Subjekt hat Groeber (Zeitschrift IV 463) für das Altfranzösische im allgemeinen folgende Regeln aufgestellt: „Im allgemeinen werden sie im Nebensatze häufiger angewandt als im Hauptsatze, und sie sind in drei Fällen obligatorisch: 1. bei der Verwendung des Futurs im Sinne des Befehls, 2. um unbetontes pronominales Objekt an der Spitze des Satzes zu vermeiden, 3. in der Satzfrage."

Für unser Gedicht trifft die Bemerkung bezüglich der Nebensätze zu; denn während bei Hauptsätzen in den weitaus meisten Fällen das Pronomen als Subjekt fehlt, kommen von

---

Anmerkung: Der Abhandlung liegt zu Grunde die Ausgabe des Epos von Eduard Koschwitz in der Altfranzösischen Bibliothek. Heilbronn (1880 und) 1883.

Nebensätzen nur 57°/₀ ohne pronominales Subjekt vor. — Regel 2 trifft insofern zu, als allerdings unbetontes pronominales Objekt nicht den Satz einleitet; um dieses zu vermeiden, findet sich 13 mal das pronominale Subjekt: 7 Il la prist par le poin. 34. 71. 143. 200. 210. 331. 356. 498. 635. 690. 829. 857. Diesen Fällen stehen aber 13 andere gegenüber, in denen das Subjekt doch ausbleibt, und dann die Voranstellung des Objekts durch die sonst nicht übliche Inversion desselben vermieden wird: 25 Trencherai von la teste od m'espee d'acier. 31. 147. 186. 253. 586. 624. 631. 633. 647. 698. 742. 818. Somit ist diese Regel 2 wohl durchschlagend für die Stellung des pronominalen Objekts (cfr. Personalpron. II A 2), nicht aber für die des Subjekts, wenngleich gern zugegeben werden soll, dass in vielen Fällen die Setzung desselben durch diese Rücksicht bewirkt ist.

Ganz anders verhält es sich aber mit den zwei anderen von Groeber aufgestellten Regeln. In den 12 vorkommenden direkten Fragesätzen: 9 Dame, veïstes onques rei nul dedesoz ciel? 148. 305. 493. 521. 624. 643. 711. 729. 762. 799. 860 findet sich nur 3 mal das pronominale Subjekt 493 Et vos, sire arceresques, gaberez von od nos? 521. 860: wohingegen beim Futurum, so oft es in der nur hier in Betracht kommenden 2. Person Plur. vorkommt, nur einmal das Subjekt vos sich findet 490 Par Deu, ço dist l'escolte, vos recrerrez anceis, und hier liegt augenscheinlich kein Befehlssatz vor.

Nach vorliegender Untersuchung lässt sich für den Gebrauch der Personalpronomina als Subjekt etwa folgendes aufstellen:

1. Im allgemeinen herrscht die lateinische Tendenz noch vor, das pronominale Subjekt nur dann zu setzen, wenn seine Hervorhebung aus emphatischen Gründen oder wegen der Deutlichkeit oder wegen des Metrums wünschenswert erscheint. Obligatorisch ist die Setzung desselben nie; beim Imperativ fehlt es immer, mag er positiv: 19 le m'enseigniez, 39. 160. 397. 602, negativ: 26 Emperere, dist ele, ne vos en corociez, 529. 681, konjunktivisch: 489 Demain perde la teste, par covent li otrei, 327. 695, oder durch ein Futur ausgedrückt sein: 39 Non ferez, ço dist Charles, mais le rei me nomez. 41. 221. In Fragesätzen steht es selten. cfr. oben.

a. Bezüglich der uneingeleiteten Hauptsätze herrscht volle Freiheit. Es fehlt das Subjekt: 108 Veient Jerusalem, une citet antive. 113. 147. 253. 154. 308. 169. 186. 206. 262. 277. 283. 387. 631. 747. Es steht 100 Il eissirent de France et Borgoigne guerpirent. 229. 286. 306 Respont li reis: Jo sui de France chies. 637. 651. 688. 773. 827. 861.

b. Nach allen einleitenden Satzteilen [nominales Objekt (nicht pronominales. cfr. oben), Prädikat, Adverb] ist in Hauptsätzen die Fortlassung des pronominalen Subjekts fast Regel. Einleitendes Objekt: 70 Le croiz et le sepulcre voll aler aorer. 73. 104. 137. 163. 178. 267. 336. 278. 462. 491. 627. Einleitendes Prädikat: 47 Emperere est de Grece et de Costantinoble. 578. 797. 273. 438. 538. Einleitendes Adverb: 55 Encor cuit qu'en perdrez la teste sor le buc. 57. 75. 613. 581. 549. 561. 815. 842. 195. 316. 734. 758. 804. 523. 556. 644. 684. 173. 237. 313. 325. 702. 564. — 270 As eschies et as tables se vont esbaneiant. 276. 588. 547. 595. 68. — 826 Volentiers le baisast, mais por son pere n'oset. 53. 279. 390. 167. 453. 410. 834. 144. 162. 408. 650. — Das Subjektspronomen steht: 11 Encor conquerrai jo citez od mon espiet. 14. 33. 88. 843. 803. — 231 Si fist il puis encore,

bien en gardat **sa** feit. 472. 843. 854. 40. 51. — Anmerkung: Der Vokativ kann nicht als
einleitender Satzteil gelten, da er ja einen verkürzten selbstständigen Satz darstellt; deshalb
zeigt sich dort auch dasselbe regellose Verhältniss wie bei den nicht eingeleiteten Hauptsätzen. cfr. Fol. 4. a.

c. Bei dem durch einen Vordersatz eingeleiteten Hauptsatze, also bei dem Nach-
satze, ergiebt sich dieselbe Erscheinung, wie bei den durch andere Satzteile eingeleiteten
Hauptsätzen. cfr. Fol. 4. b. Es fehlt meistens das pronominale Subjekt, mag es mit dem
ausgedrückten oder zu ergänzenden nominalen oder pronominalen Subjekte des Vordersatzes
identisch sein oder nicht. 632 Se ne sont aemplit li gab si com il distrent, **Trencheral** lor
les testes od ma spee forbie. 647. 760. 328. — 141 Quant l'ot li patriarches, si s'en **valt**
conreer. 618. 648. 788. 601. 17. 23. 30. 709. 849. 492. 369. — 463 Se jo le lais aler, Nen
iert mais recebz par nul home. 535. 573. 16. — 130 Com il vit le rei Charle, **comença̧t** x
trembler. 238. 865. 60. 489. 119. 552. — 322 Se senz guarde remaint, crien qu'ele seit
perdue. 698. 742. 517. — 585 Demain quant li reis Hugue serrat a son diner disner, **Man-
geral** son peisson et bevrai son claret. 661. 686. 713. 824. 52. 468. Diesen zahlreichen
Fällen mit Auslassung des pronominalen Subjekts im Nachsatz steht nur ein einziger gegenüber, in dem es steht. 696 Se ne li abandon, donc ne me **pris jo** mie. Die Verse 498
Quant mielz s'eslaisseront, Jo i vendrai sor destre corant und 356 . . . Qui fierent al palais
dedevers occident, Il le font torneiier et menut et sovent können nämlich kaum hierher ge-
rechnet werden, da dort das Subjekt augenscheinlich steht zur Deckung der proklitischen
leichten Formen i und le. cfr. Fol. 4 u. 8. II. A. 2.

2. Die neufranzösische **Tendenz** macht sich besonders im **Nebensatze** bemerkbar.
cfr. Fol. 3—4. Jo scheint sich am meisten gegen seine Setzung zu sträuben, denn es fehlt
in solchen Sätzen 13 mal: 72 E irai un rei querre dont **al** oït parler. 150. 153. 161. 161.
229. 311. 406. 467. 499. 583. 755. 770, und es findet sich 8 mal: 212 E maintes bones
herbes que jo ne vos **sai** dire. 218. 219. 226. 321. 462. 534. 695. Dagegen fehlen il und
ele 22 mal, während sie 34 mal vorkommen, und vos bleibt nur 4 mal fort: 168 Quant Deu
venistes querre: estre vos deit li mielz. 522. 738. 763, während es 8 mal erscheint: 24 Se
vos m'avez mentit, vos le comperrez chier. 34. 541. 554. 557. 610. 646. 847. — Die vollen
Formen erscheinen nie als Subjekt.

3. Ueber die Stelle, welche das pronominale Subjekt im Satze einnimmt, lässt sich
folgendes aufstellen:

a. Im Nebensatze wird es nie invertiert, es hat immer seinen Platz sofort
nach der Konjunktion oder nach dem Relativ. 24 Se vos m'avez mentit. 93. 130. 170 etc.
cfr. 2, oben.

b. Im Hauptsatze wird es nicht invertiert, wenn sonst ein pronominales
Objekt in leichter Form den Satz einleiten würde. 34 Jo m'escondirai ja, si vos le
comandez. 7. 71. 143. 200. 210. 331. 356. 635. 690. 829.

c. Bei den verbis dicendi, die in eine direkte Rede eingeschoben sind, wird es
immer invertiert. 13 Emperere, **dist ele**, trop vos poez preisier. 26. 32. 45 etc.

d. In einem Fragesatze wird es immer invertiert. 521 **Veez vos** cele estache
qui le palais suztient? 493. 860.

e. In anderen Hauptsätzen invertiert es immer, wenn sie eingeleitet sind, 40 Emperere, dist ele, ja nel puis jo trover. 8H. 231. 843. 11. 14. 33. 51. 472. 854.

f. Bezüglich der uneingeleiteten Hauptsätze herrscht Regellosigkeit. Anmerkung 1. Den Majestätsplural oder die Schriftsteller-Bescheidenheit kennt unser Epos nicht. Karl, wie König Hugo von Konstantinopel, führen sich immer mit jo ein, in den cas. oblq. sagen sie von sich mei. 71 Jo l'ai treis feiz songiet: mei·i covient aler. 729 de mei. 630. 643. 661. Ebenso der unbekannte Sänger des Gedichtes. 212 E maintes bones herbes que jo ne vos sai dire. 321. 860.

Dagegen wird in der Anrede die 2. Pers. Sglr. durchgängig durch vos und vostre etc. gegeben. Nur zweimal vergisst sich der Patriarch von Jerusalem und sagt zu Karl 156: Sis as en la chaiere on sist meïsmes Deus; Ales non Charles Maignes; sonst aber vorher wie nachher wendet er vos an. 164 E le chief saint Lazare vos ferai aporter. Ebenso bedient sich der Engel, allerdings ja im Auftrage Gottes, der vertraulichen Anrede an Karl. 674 Charles ne t'esmaiier, ço te mandet Jesus! 677 Va, si fai comencier. — Dann wird auch König Hugo, in seiner tiefsten Demut sich vor Karl wie vor einem Gotte beugend 797: Tis hoen voil devenir, de tei tendrai mon regne, Mon tresor te donrai. Anmerkung 2. Die Funktion, ein vorhergehendes Nominalsubjekt zu wiederholen, finden wir den Nom. masc. il zweimal ausüben. 679 Charlemaignes de France, il fnt levez en piez. 829 L'arcevesques Turpins . . . Il lor cantat la messe; im letzten Verse aber vielleicht nur deshalb, um das sonst ungedeckte lor nicht den Vers beginnen zu lassen.

B. Das unpersönliche il.

cfr. Horning: Romanische Studien IV 227 ff., Koschwitz: Zeitschrift für neufranzösische Sprache und Literatur II 417, III 364, und Groebers Zeitschrift 463.

Bei der herrschenden Tendenz in der Sprache, das nicht durch ein Substantiv ausgedrückte Subjekt möglichst nur aus dem Prädikat erkennen zu lassen, ist es nicht zu verwundern, dass das im Neufranzösischen so oft gebrauchte unpersönliche il, welches durch Funktionswechsel aus dem männlichen il lat. illic sich entwickelt hat, im Altfranzösischen überhaupt erst spät und deshalb auch im Charlemagne sich entweder noch gar nicht zeigt oder doch nicht mit Bestimmtheit als solches sich nachweisen lässt. v. 571—574 heisst es:

Puis me serrai enmi tresque la basse none: Quant li plons iert toz pris et rassises les ondes, com il iert bien serez, donc mez verrez escorre.

Koschwitz will jedoch dieses il in der vorliegenden neuen Auflage nicht mehr als unpersönlich fassen, da er nach dem angefügten Wörterbüchlein das Partizip serez auffasst als vom Zeitwort serer „festmachen" herkommend: „Wenn es (das Blei) vollständig fest sein wird; während Förster noch bei der auch vom Herausgeber in der ersten Auflage vertretenen Meinung bleibt, es sei von seratus (sero) abzuleiten, und dann die Stelle zu übersetzen: „Wenn es vollständig Abend geworden sein wird." Dann liegt hier ein unpersönliches il vor. Ich möchte mich dieser letzten Meinung anschliessen, da so auch ein vernünftiger Gegensatz zu der v. 571 gegebenen Zeitbestimmung „none" erscheint, während sonst diese erwartete Zeitangabe ganz fehlt, und dafür eine unschöne dreimalige Wiederholung desselben Gedankens sich findet: pris — rassises — serez. Ferner hat der Herausgeber in der zweiten Auflage ein handschriftlich verbürgtes unpersönliches il fallen lassen: 704 Tresque ǀ vint a la nuit qui tote est aserie, während es noch in der ersten Auflage heisst: Tresk'Il vint a la nuit que tute est aserie. — Auch an einer anderen Stelle, an der es vielleicht die Funktion hatte, ein Subjekt vorzubereiten, hat der Herausgeber in der zweiten Auflage eine Veränderung eines handschriftlichen il in le vorgenommen. 491 Mais quel (que + le) sachet li reis. Hier wäre auch die handschriftliche Lesart der ersten Auflage: mais k'Il sacet li reis wohl zu halten gewesen — ohne allerdings das il unpersönlich zu fassen, was bei dem transitiven Verbum saveir nicht wohl angeht — indem man mit veränderter Interpunktion das li reis als Subjekt zu dem folgenden Prädikat amereit zöge: mais k'il sacet, li reis En trestute sa vie mais ne vus amereit. Das Enjambement ist in der altfranzösischen Poesie ja gestattet. — Zu beachten ist wiederum, dass in allen drei Fällen ein Nebensatz vorliegt. (cfr. I A 2, Fol. 5.) In allen anderen Fällen wird entweder dem Prädikat allein die Bezeichnung des unpersönlichen Subjekts überlassen cfr. 38. 49 Nǀ'at tant bel chevalier de ci en Antioche. 50. 68. 71. 160. 169. 216. 450. 664; oder aber es tritt, wenn eine Hervorhebung nötig erscheint, das demonstrative ço ein; dies aber geschieht nur beim Prädikat estre: 139 Par le mien escientre, ço est meïsmes Deus. 361. 374. 376. 386.

c. Der prädikative Gebrauch des neutralen le und der geschlechtigen le la les findet sich noch nicht im Charlemagne.

II. Die casus obliqui der Personalpronomina.

A. Die leichten Formen.

	1. Pers.		2. Pers.		3. Pers.		Reflex.
	Sglr.	Plur.	Sglr.	Plur.	Sglr.	Plur.	
Gen.	--	—	—	—	en		—
Dat.	me	nos	te	vos	li i	lor i	se
Acc.	me	nos	te	vos	le la	les	se

Vorbemerkung. me, te, le, la, li verlieren vor einem vokalisch anlautenden Worte ihren Vokal und werden apostrophiert: 31 Forment s'en repentit. 34. 53. 60. 90. 91. 94. 119. 120. 75. 131. 331. 228. 166. 132. 141. 319. 387. 400 etc. le und les sind auch enklitisch. ne + le = nel 40. 645. si + le = sil 853. si + les = sis 420. 501. 568. que + le = quel 491. qui + les = quis 97: Quis conduit et governet bien deit estre poissanz. 752.

1. Alle diese leichten Formen werden nur in direkter Abhängigkeit vom Verbum gebraucht. Sie schliessen sich eng an das verbum finitum an, und zwar stehen sie, allerdings unter einer weitgreifenden Einschränkung (cfr. 2, Fol. 8) immer vor demselben. 676 Ço te mandet Jesus. L'emperere le vit. 75 Ja ne m'en tornerai tresque l'avrai trovet. Asez lor at dunet. 227 Qui nos ont en despit. 690 Nos les aemplirons. 150 Se ne ll comandai. 186 Deus vos l at conduit. 860 Que vos en ai jo mai lunc plait a aconter? Auch beim positiven wie negativen Imperativ stehen die persönlichen Pronomina in den leichten Formen der Regel nach vor demselben. 160 De voz saintes reliques

me donez. 19 Le m'enseigniez. Pas ne vos esmaiiez. Ne vos desconfortez. Nur einmal findet sich der neufranzösische Gebrauch: 729 dites mei (cfr. darüber 2, unten). Auch wenn statt des Imperativs der Infinitiv eintritt: 674 Charles ne t'esmaiier. Sogar wenn das Pronomen von einem Infinitiv oder Partizip abhängig ist, die ihrerseits wieder von einem anderen Verb regiert werden, so steht es doch vor diesem Verbum finitum. 40 Emperere, dist ele, ja mei puis jo trover. 42 O jo vos ferai ja cele teste colper. 212 E maintes bones herbes que jo ne vos sai dire. 270 As eschies et as tables se vont esbaneiant. 279 Amis, ou est li reis? molt l'ai alet querant. 136. 140. 141. 229. 217. 223. 303. Dass das Pronomen mit dem verbum finitum gleichsam eine Einheit bildet, sieht man daran, dass es dasselbe nicht verlässt, selbst wenn der Infinitiv vor das letztere tritt. 168 Quant Deu venistes querre: estre vos deit li mielz. 313 Un an vos retendrai, se estre i voleiiez. Stellungen wie 624: Oistes les parler und 147. 253. 848: vont sei entrebaisier finden ihre Erklärung in folgender Nr. 2.

2. Diese proklitische Stellung der leichten Formen der persönlichen Fürwörter ist jedoch nicht statthaft zu Anfang des Satzes (cfr. Fol. 4). Es tritt dann Inversion derselben ein. Daher Stellungen wie: 25 Trencherai vos la teste; 698 Trencherai li la teste; 31 voelt li chair as piez; 147 vont sei entrebaisier: 624 Oistes les parler. Auch so ist die Stellung beim Imperativ 729 dites mei zu erklären; ferner cfr. 186. 253. 586. 631. 633. 647. 742. 848. Etwas anders verhält es sich mit 71 mei i covient aler. Hier hat sich die Sprache begnügt, die schwere Form für das in exponierter Stellung stehende me eintreten zu lassen, da die Inversion ja doch das i ungedeckt gelassen hätte. Aehnlich ist wohl auch in 844, nos en covient aler, nos als betonte schwere Form aufzufassen.

Anmerkung. Eine höchst auffallende und nicht zu erklärende Stellung findet sich in 193. Set ans ont ne se mut.

3. Auch die Stellung der leichten Formen zu einander ist sehr strenge, wenn auch mit der gegenwärtig üblichen nicht immer übereinstimmend.

a. Die Accusative der 3. Person werden immer den Dativen der 1. und 2. Person vorausgeschickt. Beispiele für le + me: 19 E car le m'enseigniez. 23. 541. la + me: 523 Demain la me verrez par vertut embracier. le + vos: 729 Dites mei, bele fille, at le vos fait cent feiz? 845 Jo nel vos os veer.

b. en und i treten immer hinter die anderen Pronomina.
me + en = m'en: 75 Ja ne m'en tornerai. 217. 308. 594. 609. 616. 855.
li + en = l'en: 166 Charlemaignes l'en rent saluz et amistez. 182. 190.
le + en = l'en: 215 Le patriarche prist si l'en at apelet. 134.
se + en = s'en: 31 Forment s'en repentit. 60. 90. 91. 94. 141. 545. 617. 662.
vos + en: 26 Emperere, dist ele, ne vos en corociez. 515. 610. 658. 168.
nos + en: 653 Del vin et del claret assez nos en donastes. 844.
lor + en: 625 Par Deu, onc ne lor en sovint.
vos + i: 185 Deus vos i at conduit.
les + i: 752 Por amor Charlemaigne quis i out aconduit.

c. Kommen en und i zusammen, so geht en dem i voran. 575 N'en i remaindrat ja pesant une eschaloigne. 677.

d. Die Dative li und lor haben keinen Accusativ der 3. Person le la les bei sich.

le fehlt bei li: 150 Se ne ¦ li comandai. 433. 726.

la fehlt bei li: 87 L'arcevesques Turpins ¦ li seignat gentement. 695. 696.

les fehlt bei li: 191 Cil ¦ li fist aporter, et li reis les reçut.

Beispiele für lor liegen nicht vor. Vielleicht liegt hier ein euphonischer Grund vor, indem die gleichanlautenden kleinen Wörtchen vermieden wurden, oder aber es ist — nach dem Vorgange des Provenzalischen, welches gern statt lo + li und la + li: lo + y und la + y setzt und diese dann zu li contrahiert — das li in obigen Fällen als aus le + li und la + li contrahiert aufzufassen, welche Formen dann auch die Bildung von les + li = li und nachher auch le + lur und la + lur und les + lur = lur nach sich gezogen haben.

Anmerkung 1. Es richtet sich natürlich das Geschlecht der Fürwörter der 3. Person nach dem Geschlecht des Nomens, welches sie vertreten. In einem Falle nur ist dieses nicht geschehen: v. 207 Comencent un mostier qu'est de sainte Marie. Li home de la terre la claiment la Latine. Es bezieht sich doch augenscheinlich das Fürwort auf das männliche mostier. aber es hat sich im Geschlecht nicht darnach gerichtet, sondern nach dem folgenden Prädikat la Latine.

Anmerkung 2. Ueber den Ersatz des fehlenden Genitiv durch en und über den Ersatz der in unserem Epos sich nicht auf Sachnamen beziehenden Dative li und lor durch i cfr. Fol. 13 ff.

B. Die schweren Formen.

1. Pers.		2. Pers.		3. Pers.		Reflexiv.	
Sglr.	Plur.	Sglr.	Plur.	Sglr.	Plur.	Sglr.	Plur.
mei	nos	tei	vos	lui	li	els	lor	—	sei

Vorbemerkung. Als Subjekt wie auch als Prädikat kommen die schweren Formen nicht vor (cfr. § 1. I. A. 2).

Sie stehen:

1. in direkter Abhängigkeit vom Verbum (nos, vos, lor können nicht in Betracht kommen):

a. Vor dem verbum finitum: 71 mei i covient aler. 771 Or set li coens Bernarz lui estoet comencier.

b. Nach dem verbum finitum ohne folgenden Infinitiv findet sich nur einmal die Form mei: 729 dites mei. In der vorliegenden neuen Auflage sind die in der ersten Auflage bei der Inversion immer starken Dative lui in die leichte Form li umgewandelt worden 586. 698. 742, so dass der Gebrauch der starken Formen in dieser Stellung auf den einmaligen Fall beim positiven Imperativ 729 beschränkt bleibt. In 420 Li reis Hugue li Forz Charle maigne apelat, Lui et les doze pers, sis trait a une part steht lui appositiv in Bezug auf das vorhergehende Objekt Charlemaigne. (cfr. auch v. 309.)

c. Vor dem Infinitiv. 147 vont sei entrebaisier. 253. 848. 174 Et il vint as apostles por els esleecier. lui kommt vor einem Infinitiv nicht vor, dafür li 31. Die Fälle 560 lui meisme monter 769 mei meisme monter kommen nicht in Betracht wegen des meisme. Dem pur els esleecier (174) steht ein oistes les parler (624) gegenüber, und hier möchte ich mit Suchier (Groeber's Zeitschrift I Fol. 645) das Pronomen als von der Präposition beeinflusst ansehen. So bleibt der Gebrauch der starken Form beim Infinitiv beschränkt auf sei. Der Gebrauch der schweren Formen in Abhängigkeit vom Verbum ist also nicht als die Regel zu betrachten.

2. In Abhängigkeit von Praepositionen. Das ist ihre Hauptsphäre, und es giebt dabei keine Ausnahme. cfr. 61 Rollant et Olivier en at od sei menez. 138. 188. 203. 293. 488. 493. 574. 630. 637. 661. 667. 671. 687. 719. 720. 744. 782. 787. 797. 854. 855. Dem heutigen Sprachgebrauch zuwiderlaufend, aber im Altfranzösischen durchaus nicht auffallend findet sich 671: Qui encontre lor est si forment irascut, und 488: Se jo n'ai testimoigne de li (femininum).

Bezüglich der Stellung aller dieser präpositionalen Verbindungen herrscht volle Freiheit.

Die Reflexiva.

1. Bezüglich der 1. und 2. Person ist der Sprachgebrauch derselben wie im Lateinischen und Neufranzösischen. me steht reflexiv 33: Ja sui jo vostre femme si me cuidai joer. 34. 37. 75. 136. 217. 308. 472. 499. 545. 546. 571. 594. 596. 609. 614. 696. 723. 801. 855. 857. te 674: Charles, ne t'esmaiier. nos 844: nos en covient aler.

2. Für die 3. Person tritt im Singular wie im Plural als leichte Form se ein. se bezieht sich auf Personen und Sachen, wird aber nur in direktem Bezug auf das Subjekt desselben Satzes gebraucht. 14 Encore en sai jo un qui plus se fait legiers. 31. 43. 60. 90. 91. 94. 119. 120. 132. 141. 193. 270. 274. 276. 282. 319. 338. 387. 388 etc. Nicht jedoch wird es im Nebensatz gebraucht, wenn es sich auf das Subjekt des Hauptsatzes bezieht, selbst dann nicht, wenn ein subjunktives Verhältnis zwischen Haupt- und Nebensatz besteht, wo man also nach lateinischer Auffassung ein Reflexiv erwarten sollte, 669 Et prient Deu del ciel et la soe vertut Del rei Hugon le fort qu'il les guarisset hui. 235. 771 Or set li coenz Bernarz lui estoet comencier. Auch dann wird es nicht gesetzt, wenn es sich bei unpersönlichen Verben auf das logische Subjekt des Satzes bezieht. 625 Par Deu! ço dist l'escolte, onc ne lor en sovint. 234 De sa moillier li membret. 364. — se ist in unserem Epos immer Accusativ. Die 2 Fälle, in denen es nach der 1. Auflage den Dativ vertrat: 668 A uraisuns se jetent, s'unt lur culpes batut, 447 s'unt bent del claret, sind in der neuen Auflage dahin verändert worden, dass das Reflexiv einfach weggelassen wurde, was wegen der ungedeckten Stellung der leichten Personalpronomina notwendig war. Ob in 700 Charlemaignes s'en rist ähnlich dem neufranzösischen se rire ein Dativ vorliegt, ist nicht zu entscheiden.

3. Auch die schwere Form sei wird in der Regel immer dann gebraucht, wenn eine Beziehung auf das Subjekt desselben Satzes vorliegt. 61 Rollant et Olivier en at od sei menez. 715 Devers sei l'at tornet. In 147. 253. 848 Vont sei entrebaisier handelt es sich um ein reziprokes Verhältnis, und man sollte noch ein li uns l'altre erwarten.

Einmal findet sich sei, wo eine Beziehung auf das Subjekt des Satzes nicht statt-findet: 232 Quant fut morz Rollanz, li doze pers od sei, und ein andermal findet sich lui, wo man bei vorliegender Beziehung auf das Subjekt sei erwarten sollte: 667 Et at fait les reliques aporter devant lui; aber in beiden Fällen stehen die Pronomina in der Assonanz. — Nicht statthaft ist sei im abhängigen Satze (cfr. oben se 2), wenn es sich auf das Subjekt des Hauptsatzes bezieht, und sollte es sich auch um ein innerlich abhängiges Verhältnis handeln. 782 Et prient Damne-Deu que il d'els ait pitiet. 771. 744. Anmerkung. In allen Fällen, wo eine reflexive Beziehung vorliegt, handelt es sich um bestimmte persönliche Verhältnisse, so dass man nach neufranzösischem Sprachgebrauch in keinem Falle sei hätte erwarten sollen.

§ 2. Die Possessivpronomina.

A. Die leichten Formen.

Ein Besitzer.

	Nominativ.			Casus obliqui.	
Sglr.		Plur.	Sglr.		Plur.
masc.	fem.		masc.	fem.	
I mis mes	ma	mes	mon	ma	mes
II tis	—	..	—	—	—
III sis	sa	—	son	sa	ses

Mehrere Besitzer.

I nostre	—	—	—	—	—
II —	vostre	vostre (masc.)	vostre	vostre	voz
III —	—	—	—.	lor	lor

B. Die schweren Formen.

Ein Besitzer.

	Nominativ.			Casus obliqui.	
Sglr.		Plur.	Sglr.		Plur.
masc.	fem.		masc.	fem.	
I li miens	—	—	le mien	la meie	—
II —	—	—	—	—	..
III le soen (?)	—	..	le soen	la soe	—

Mehrere Besitzer.

I	..	—	le nostre	—	—
II	—	—	le vostre	la vostre	les voz
III	—	..	—	—	—

Vorbemerkung. Das mit den Genitiven des Singular und Plural der Personal-pronomina in engster Verwandtschaft stehende lateinische Possessivpronomina ist ganz ins

Französische herübergekommen, nur dass snus als Possessiv der Mehrheit ausser Kraft getreten ist: man nahm zum Ersatze den Genitiv Plur. der 3. Pers. von dem demonstrativen ille und schuf sich in ganz analoger Weise aus illorum ein neues Possessiv lor, welches im Altfranzösischen und so auch im Charlemagne noch im richtigen Gefühle seines Ursprungs unflektiert bleibt. 210 ll i vendent lor pailles, lor teiles et lor siries. 271. 274. 389. 418. 668. 743.

Auch hat die Sprache zum Unterschiede von dem heutigen Französisch, aber in Uebereinstimmung mit dem altfranzösischen Gebrauch beim Adjektiv und Substantiv, den Unterschied, wie im Lateinischen, festgehalten zwischen Nominativformen und den cas. oblq. Nom. mis erscheint 219 Et ne set mis barnages. 307. 565. 803. 451. 504. 780; einmal mes 838 Trestoz mes granz tresors vos seit abandonez. Nom. tis 797 Tis hoen voil devenir. Nom. sis 400 Charlemaignes s'assist et sis ruistez barnez. 787. Li mienz 222 Toz ll miens granz tresors vos seit abandonez. Vostre als Nom. plur. masc. 21 S'i seront vostre drut et vostre conseillier. Die zugehörigen casus obliqui voz 160 De voz saintes reliques, se vos plaist, me donez. 684. mon 11 od mon espiet. 41. 54. 217 etc. son 2 en croiz seignat son chief. 146. 170. 175 etc. le mjen 843 Ja ont il tant del mien qu'il nel poeent porter. 139. 185. Le soen in 50 Ne fut itels barnez com le soen senz le vostre ist in syntaktischer Beziehung anscheinlich Nominativ, während es der Form nach als Accusativ auftritt [cfr. 436 Chascuns des doze pers i at ja le soen pris], und es dürfte dieselbe wohl in li soens umgeändert werden müssen. vostre 320 zeigt natürlich als femininum keinen Unterschied zwischen Nom, und obl. cas. — Ma ta sa vermeiden vor folgendem Vokal den Hiatus durch Elision ihres Vokals: 25 od m'espee d'acier. 54 M'amistet. 473. 854. 3 s'espee. 59. 86. 458. 651: einigemale wird er auch umgangen durch Aphaerese des folgenden Vokals: 633 od ma'spee. 647. 698. — Der Unterschied zwischen leichten und schweren Formen tritt schon scharf hervor.

1. Was die syntaktische Verwendung der leichten und schweren Formen angeht, so ist der Gebrauch nicht so scharf geregelt wie im Neufranzösischen: es lässt sich darüber etwa folgendes feststellen.

a. Die leichten Formen treten nur adjektivisch mit folgendem Substantiv auf und haben nie den Artikel oder ein anderes Fürwort vor sich. Beispiele siehe unter Vorbemerkung.

b. Die schweren Formen sind entweder adjektivisch oder substantivisch, haben den Artikel und einmal ein hinzeigendes Fürwort vor sich. 222 Toz ll miens tresors. 50 Ne fut itels barnez com ll soens senz le vostre. 843. 139. 185. 806. 363 La soe manantise. 669. 810 Li reis Hugue la soe plus bassement. 817. 88. 842. 470 tot al vostre comant. 520. 592. 722. 807. 803. 320 Ceste vostre charue.

c. Der prädikative Gebrauch des Possessivs findet sich nur an einer Stelle, da steht es ohne Artikel. 815 Nostre ne seit li los.

2. Der Gebrauch der obliquen casus son, sa, ses, le, soen, la soe, ist fast ganz auf die reflexive Sphäre beschränkt (cfr. se und sei). Etwa 50 mal stehen sie in Bezug auf das Subjekt des Satzes und nur 5 mal in Bezug auf das Objekt (Accusativ). 283 Trovat

le rei Hugon я на charne arant. 556 Demain la ferai tote eissir de son chanel. 587 devent sor sa table le ferai encliner. 669 767. In 487 Prenget li reis sa fille, en sa chambre nos metet kann es sich auf das Subjekt desselben oder das Objekt eines vorhergehenden Satzes beziehen, ebenso in 705 Li reis fait eu sa chambre a conduire sa fille, wo es sich auf das Subjekt oder Objekt desselben Satzes beziehen kann. In Bezug auf einen anderen Satzteil wird es nicht gebraucht (cfr. 3). In 869 Son maltalent li at li reis tot pardonet bezieht es sich nur scheinbar auf das indirekte Objekt li, falls man übersetzt: „Ihren bösen Sinn hat ihr der König verziehen", doch muss es heissen: „Seinen Zorn ihr gegenüber bat der König aufgegeben." Diese Auffassung hatte auch Koschwitz noch bei der ersten Ausgabe (cfr. das Wörterbuch), während er unerklärlicher Weise in dem Wörterbuch der neuen Auflage die Uebersetzung „verzeihen" für diese Stelle angiebt. Aus noch einem anderen Grunde lässt sich diese Auffassung nicht halten; cfr. 3 unten.

Diese Beschränkung des Possessivs auf die reflexive Sphäre scheint darin begründet zu sein, dass einerseits jede Unklarheit sorgsam vermieden wird, andererseits aber auch

3. jeder pleonastische Ausdruck des possessiven Verhältnisses im Charlemagne umgangen wird. Wenn nämlich ein Gegenstand einem durch ein persönliches Fürwort schon bezeichneten Dativ-Objekte desselben Satzes angehört, so steht statt des possessiven Fürworts der bestimmte Artikel oder ein hinweisendes Fürwort. 25 Trencherai vos la teste. 42 O jo vos ferai ja cele teste colper. 31 Voelt II cair as piez. 183 Toz II coers II tressalt. 194 Tuit II os II croissirent, II nerf II sont tendut. 633 Trencherai lor les testes. 846 Les mulz lor tint l'oen. 647. 742. 698. 850. Aus diesem Grunde auch schon ist 869 das son maltalent auf das Subjekt zu beziehen und das pardoner als „aufgeben" zu fassen (cfr. 2 oben). Einmal findet sich in der 1. Auflage 668 s'unt lur culpes batut, obwohl das se nicht mal handschriftlich begründet ist. In der neuen ist es auch gestrichen worden, was einmal wegen des so doppelt ausgedrückten possessiven Verhältnisses, dann aber auch besonders wegen der ganz ungewöhnlichen ungedeckten Voranstellung der leichten Form des persönlichen Fürworts geradezu geboten war. (cfr. Pers. pron. II. A. 2.)

4. Ist aber der Besitzer gar nicht im Satze erwähnt, oder die Beziehung unklar, so wird entweder der possessive Genitiv mit de + Pers. pron. genommen, so bei Personen 488 Se jo n'ai testimoigne de II anuit cent feiz, oder aber es tritt en zum Verb:

a. Ist nun das Substantiv Subjekt des Satzes, so tritt der bestimmte Artikel hinzu. 284 Les conjuges en sont. 537 Que n'en chieent les mailles. 544.

b. Ist das Substantiv Objekt, so erscheint es ohne Artikel. 321 Tant i at de fin or que jo n'en sai mesure. 57 Ja n'en prendrai mais fin. 236.

Hier finde das Weitere über en und i seine Stelle.

Die Pronominaladverbien en und i.

I. en.

Der den Personalpronominibus fehlende organische Genitiv wird teils durch die Präposition de mit den vollen Formen des Fürworts, teils durch das Possessivpronomen, und teils, allerdings nur für die 3. Pers., durch das lokale Adverb inde = en ersetzt. Der Gebrauch dieses sowohl auf Personen wie auf Sachen und Gedanken zurück- wie hinweisenden Pronominaladverbs, welches natürlich auch in seiner lokalen Bedeutung sehr oft Verwendung findet, ist ein sehr freier.

1. Auf eine Ortsangabe zurückweisend: 60 E ont faite s'ofrende a l'alter principel. A la sale a Paris si s'en est retornez. 61. 75. 90. 308. 561. 770. 792. 844. 463.

2. Sehr oft wird es bei Verben der Bewegung gebraucht, ohne vorliegendes Beziehungswort, doch ist dasselbe leicht zu ergänzen; oft hat es dann die Bedeutung hinc. inde: 91 Des or s'en irat Charles al Damne-Deu comant. 94. 141. 319. 329. 394. 444. 609. 614. 662. 779. hinc: 68 Seignors un petit m'entendez: En un lointain reialme en irez. 217. 594. 682. 855.

3. Auf ein Sachsubstantiv bezüglich.

    a. statt eines possessiven de. cfr. Possessivpronomen 4 Fol. 13.

    b. statt eines partitiven de.

      α. zurückweisend. 162 (vos saintes reliques) A plentet en avrez. 169. 223. 315. 503. 575. 653. 677. 514.

      β. hindeutend. 762 Sire volez en mais des gas. 799. 842.

    c. Die Ursache oder das Mittel ausdrückend. 161 (saintes reliques) Que porterai en France qu'en voil enluminer. 166 Charlemaignes l'en rent saluz et amistez. 182. 190. 496.

4. Auf einen Gedanken bezüglich.

    a. zurückweisend. 17 Quant l'en tent li reis, molt en est coreciez. 18. 26. 31. 54. 55. 221. 515. 610. 625. 628. 678. 700. 713. 788.

    b. hindeutend. 310 Bien at set anz et mielz Qu'en ai oït parler que issi grant barnage nen ait nuls reis.

5. Auf Personen bezüglich.

    a. statt eines partitiven de.

      α. zurückweisend. 14 Encore en sai un qui plus se fait legiers. 229. 691. 738. 759. 763.

      β. hindeutend. 324 Onques n'en ont larron tant com ma terre duret. 454.

    b. Nur in einem Beispiele findet es sich in einer anderen als partitiven Bedeutung von Personen. 407 (La tille) Car jo'n fereie puis totes mes volontez. Dass sich hier en wirklich auf tille bezieht, geht aus 719 hervor. In 788 Quant l'entent l'emperere, pitiet en at molt grande könnte en auch wohl auf König Hugo bezogen werden, doch zwingend ist es nicht.

6. Unklar sind die Beziehungen in 134. 215. 658. 772. v. 755 Par la feit que vos dei, ne m'en est bel ne gent ist wohl partitiv zu fassen: nul n'en est.

II. I.

Der wirklich pronominale Gebrauch von i ist noch sehr beschränkt.

1. Rein örtlich mit Bezug auf eine vorhergehende oder doch leicht zu ergänzende Ortsbestimmung findet es sich oft. 4 Dus i ont et demaines. 71. 85. 112. etc. 79. 109. 509. 617. 689. 774. 791. 812. 829.

2. Für das conjunktive Personalpronomen lor, welches wie auch li sich nie für Sachnamen gebraucht vorfindet, tritt es 3 mal ein: 192 Les reliques sont forz, Deus i fait granz vertuz. 196. 255.

3. Einmal bezieht es sich auf eine Person: 824 Ou que veit Olivier, volontiers i parolet. wenn man es nicht lieber doch lokal auffassen oder gar statt i li lesen will.

§ 3. Die Demonstrativa.

		masc.	fem.	masc.	fem.	neutrum
Sglr.	Nom.	cil	cele	cist	ceste	ço
	cas. obl.	cel	cele	cest	ceste	ço
Plur.	Nom.	cil	celes	--	cez	—
	cas. obl.	cels	—	cez	cez	--

Vorbemerkung. Das Demonstrativpronomen entnimmt seine Formen von dem lateinischen ille iste hoc. Die casus masc. nom. sind noch deutlich von den cas. obl. zu unterscheiden, ebenso die Form ço als neutrum. Neben diesen regelmässigen Formen finden sich noch die längeren Nebenformen icil 280 und icele 119.

1. Die Scheidung vorstehender geschlechtigen Formen in substantivische und adjektivische ist im Charlemagne, wie überhaupt im Altfranzösischen, noch gar nicht durchgeführt, wenngleich doch schon der Weg zu dem vorwiegend attributiven Gebrauch von iste und zu dem substantivischen von ille entschieden angebahnt wird.

a. Adjektivisch können alle gebraucht werden; eine Ausnahme bildet das nur einmal vorkommende cels. 77 Cels qui od lui alerent fait conreer. 19 cil reis. 358 cil corn sonent. 137 en cel mostier. 790 cele eve. 42 cele teste. 505 cist gas. 578 cest gas. 800 de ceste semaine. 335 Cez degrez.

b. Die Formen von iste: cist cest ceste cez — neufranzösisch ce cet cette ces — werden immer nur adjektivisch gebraucht. 335. 318 Et paissent par cez prez, amont par cez coltures. 373. 505. 528. 551. 557. 562. 589. 616. 578. 149. 800. 320.

c. In den obliq. cas. sind die Formen von ille nur adjektivisch gebraucht cel 13 mal: 137 en cel mostier. 281. 472. 497. 513. 525. 529. 555. 594. 607. 760. 808. 821. cele 8 mal: 42 cele teste. 103. 119. 123. 368. 508. 521. 609. cels 77 macht die einzige Ausnahme.

d. Im Nominativ scheint die substantivische Verwendung von ille den Vorzug zu haben, da Nom. Sglr. cil 5 mal substantivisch: 191 Cil li fist aporter 280. 691. 738. 763 und nur einmal adjektivisch erscheint: 19 cil reis; ebenso Nom. Sglr. cele 3 mal substantivisch: 12 Cele ne fut pas sage 331. 730 und nur einmal adjektivisch vorkommt: 790 Et priet a Jesu que cele eve remaignet. Doch zeigt der Nom. Plur. cil 3 mal adjektivischen: 358 Cil corn sonent 413. 837 und nur einmal substantivischen Gebrauch: 756 Cil sont enchanteor.

2. Das natürlich immer alleinstehende neutrale ço findet

α. sehr starke Verwendung statt des Acc. neutr. des Personalpronomens; dann immer in der Stellung der leichten Formen der Personalpronomina, also vor dem Zeitwort, und zwar leitet es immer den Satz ein.

α. Es bezieht sich auf einen vorhergehenden Gedanken: 674 Charles ne t'esmaiier, ço te mandet Jesus! 676. 733. Zweimal ist es durch tot verstärkt: 323. 841 Tot ço laissiez ester.

β. Es weist auf einen folgenden Gedanken hin: 30 Quant ço vit la reine Charles est si iriez. 51. 184. 765.

γ. Sehr oft steht es im eingeschobenen Satze: 39 Non ferez, ço dist Charles. 41. 228. 465. 482 etc.

b. Als Nominativ erscheint es immer nur als Subjekt bei estre: 139 ço est meismes Deus. 361. 374. 376. 386. cfr. impersonale il.

§ 4. Die Determinativa.

Als determinatives Fürwort fungiert nur das demonstrative cil. Es kommen folgende Formen davon vor: Nom. Sglr. masc. cil: 738 Cil recomencerat cui en avez choisit; in 691 und 763 mit vorangestelltem beziehungslosen Relativ, dem die Determination nachfolgt: Cui en avez choisit, cil recomencerat. Nom. Plur. masc. cil: 756 Cil sont enchanteor, wo man Neufranzösisch das neutrale ce setzen würde; und Acc. Plur. masc. cels: 77 Cels qui od lui alerent conreat. Als determinatives Neutrum tritt ço einmal auf: 765 Fil le conte Aimeri, qui de ço se vantat, Que . . .

Ueber die Auslassung des Determinativs cfr. Relativpronomina Fol. 17.

§ 5. Die Relativa.

	masc.	fem.	neutrum
Sglr. Nom.	qui	qui	
„ cas. obl.	que (cui)	que	que
Plur. Nom.	qui	—	—
„ cas. obl.	que	que	—
Genit. Sglr. u. Plur.	dont	dont	

Vorbemerkung. Nom. Sglr. masc. qui zeigt sich vor folgendem Vokal oft als qu'. 207 Comencet un mostier qu'est de sainte Marie. 477. 367; vor en und est tritt auch Aphaerese ein. 213 Deus est en ciel qui'n voelt faire justise. 735 Dolenz fut li reis Hugue del gab qui'st aempliz; mit dem Accusativ les verschmilzt es zu quis 752 Por amor Charlemaigne quis i ont aconduit. 97 Quis conduit et governet bien deit estre poissanz. Für den cas. obl. Sglr. masc. que findet sich in besonderem Gebrauche (cfr. unter 2, Fol. 17) cui 672. 691. 738. 763; vor Vokalen qu' 235 Ore irat le rei querre qu'ele li ont loët. Nom. und cas. obl. fem. vor Vokalen qu' 402 La fille od le crin bloi qu'at le vis bel et cler. 161. 703. - Die Elision ist jedoch durchaus nicht zwingend, der Hiatus findet sich 170 De suaire Jesu que il ont en son chief. 175. 177. 189. 870. **Dont**, welches als Relativ seine **Adverbialbedeutung nirgends** zeigt, tritt immer an die Stelle eines singularischen und pluralischen Genitivs der relativen Fürwörter (cfr. Interrogativpronomina § 6). 72 Et irai un rei querre dont ai oït parler. 153. 187. 745. 226.

1. Das Rela tiv bezieht sich auf einen vorhergehenden oder doch leicht zu ergänzenden Substantivbegriff oder Gedanken, ist also geschlechtig sowohl als neutral.

2. Das heutige Französisch giebt dem Relativ, wenn es sich nicht auf ein bestimmtes vorhergehendes Substantiv bezieht, meistens das determinative Fürwort celui celle ceux celles — ce zur Stütze. Das ältere Französisch und so auch die Sprache unseres Epos kennt auch schon diesen Gebrauch (cfr. § 4 Determinativa); doch während dieser im Neufranzösischen Regel ist, und der Gebrauch des beziehungslosen Relativums die Ausnahme bildet, scheint im Charlemagne das Verhältnis fast umgekehrt zu sein, besonders aber beim neutralen Relativ.

97 **Quis** (scl. cil) conduit et governet bien deit estre poissanz. 526 **Qui** (scl. cil) la iert conseüz, ja guarantiz nen iert. 433 Bien deit li reis amer **qui** (scl. cele) li abandonat. In den zwei ersten Fällen 97 und 526 ist also der ganze Relativsatz Subjekt des Hauptsatzes, im letzten Falle 433 direktes Objekt geworden, während im Neufranzösischen das das Relativum determinierende Fürwort Subjekt resp. Objekt wird, und der Relativsatz als Attribut dazu auftritt. 376 Co'st avis qui (scl. de cel) l'escoltet, qu'il seit en parais. Es steht hier der Relativsatz qui l'escoltet eigentlich ausserhalb der Satzkonstruktion, vertritt aber die Stelle eines attributiven Genitivs. In 691 und 763 Cul en avez choisit cil recomencerat tritt der mit dem beziehungslosen Relativum eingeleitete Satz als Subjekt des ganzen Satzes voraus, wird nachher aber von dem Demonstrativ abgelöst und steht so eigentlich auch ausserhalb der Satzkonstruktion. — Bemerkenswert ist, dass sowohl das beziehungslose, als auch das auf ein Determinativum bezogene Relativ im cas. obl. masc. Sglr. die Form **cui** zeigt (cfr. Vorbemerkung).

Beim neutralen Relativ fehlt immer das Antecedens. 386 Il ne sont **que** ço fut. 483. 530. 563. 560. 716. 819 Ma dame la reine, ele dist molt ⎩ que fole. 226 Et dist li patriarches: Savez ⎩ dont jo vos pri? In allen Fällen ist ço zu ergänzen.

3. Ausgeblieben ist das Relativ selbst an 2 Stellen. 10 Dame, veïstes onques rei nul dedesoz ciel, ⎩ Tant bien seïst espee ne la corone el chief. 812 Et François les esguardent, n'i ont un ⎩ n'en parolt. Im letzten Falle scheint durch die parataktische Stellung der zwei Sätze das σχῆμα ἀπὸ κοινοῦ vorzuliegen, indem das un einmal als Objekt oder logisches Subjekt zu dem unpersönlichen i ont gehört und auch zugleich als Subjekt zu dem folgenden parolt gezogen werden muss.

Anmerkung. Eine andere Art des ἀπὸ κοινοῦ zeigt sich in den fast gleichlautenden Versen 466. 483. 530. 563. 590 Que folz fist li reis Hugue qui . . ., worauf ich hier näher eingehen muss, um überhaupt das que als Relativ zu erklären. Vollständig ausgedrückt müsste der Gedanke lauten: **ce que** (uns) folz fait, fist li reis. Es participiert also der verstümmelte Relativsatz Que folz an dem Prädikat des Hauptsatzes, wenn auch mit einem anderen Tempus. Gerade so verhält es sich mit 716 und 819 Ma dame la reine, ele dist ⎩ que ⎩ fole; hier liegt auch eine gleiche Ellipse des Zeitwortes dire vor.

§ 6. Die Interrogativa.

Von den adjektivischen Interrogativpronominibus kommt nur einmal das Fem. quel im Sglr. vor, welches also entsprechend dem lateinischen qualis für das masc. und fem. nur erst eine Endung hat (cfr. das indefinite tel Fol. 19). 219 Et ne set mis barnages quel part jo sui tornez. Von den substantivischen erscheint der Genitiv dont nur einmal, mit fast lokaler Bedeutung 148 Et dist li patriarches: Sire, dont estes nez? Ferner der neutrale Acc. que 623 Di, va! que font Franceis et Charles al fier vis? 860 Que vos en ai jo mais lonc plait a aconter? Endlich quei in Verbindung mit Präpositionen 305 De quel me conoissiez? 643 Por quel gabastes de mei? Ueber combien cfr. Indefinita.

§ 7. Die Indefinita.

A. Tot.

Das indefinitive toz tot tote — plur. nom. masc. tuit, fem. totes, verstärkt trestot — findet in unserem Epos fast dieselbe Verwendung wie im Neufranzösischen.

1. In der Bedeutung ganz, den Gegenstand in seiner Totalität bezeichnend.

a. Als Adjektiv kommt es meistens bei einem durch den Artikel oder durch ein Pronomen determinierten Substantiv vor. 222 Toz li miens granz tresors vos seit abandonez. 474 En tote la citet. 775 Tote la eve fait eissir de son biet. 441. 492 En trestote sa vie. 532 li ber qu'at tot le peil chanut. 839 Trestoz mes grauz tresors. Einmal findet es sich vor einem Substantiv ohne Artikel 702 Tote jorn se deportent. In 556 und 767 Demain la ferai tote eissir stebt es appositiv auf das Objekt la bezogen, fast einem Adverb entsprechend. cfr. A. 1. b.

b. Als Adverb bleibt es auch flexionsfähig für das masc. sowohl wie für das fem. im Sglr. wie im Plur. 399. 831 toz fut prez li disners. 516 Trestoz seit fel li reis- 374 Que ço vus fust viaire que il fussent tuit vif. 572 Quant li plons iert toz pris. 388 Franceis sont tuit versel. 704 Tresque vint a la nuit qui tote est aserie. 706 Portendue est trestote de pailles et cortines. 713 Se creire me volez, tote en serez guarie. Man kann nun annehmen, dass in allen vorstehenden Beispielen das flektierte Adverb appositiv sich auf das Subjekt des Satzes beziehe und sich darnach gerichtet habe — so besonders 374. 388 und 706 —, so dass alle diese Fälle unter 1 a oder 2 a cfr. v. 556 und 767 gehörten. Dagegen sprechen aber v. 350 Cent colombes i at tot de marbre und 852 La fille de Hugon i cort tot a bandon, in denen es ganz gut als appositives totes und tote erscheinen könnte, aber es richtet sich eben nicht nach dem Substantiv, sondern ganz äusserlich nach der Form der Satzteile, wozu es Adverb ist (nach de marbre und a bandon) und bleibt in diesem Falle unflektiert. cfr. Groebers Grundriss Fol. 649.

c. Für das substantivische tot in der Bedeutung das Ganze findet sich kein Beispiel.

2. In dem Sinne all, die Gesamtheit von Personen und Gegenständen bezeichnend, die der Zahl nach als abgeschlossen gedacht werden, findet es sich in attributiver und absoluter Stellung.

a. Substantivisch. 361 que **tuit** fussent vivant. 203 **tuit** qui sont od lui 776. 801. In 470. 520. 592 **Tot** al vostie comant kann tot sowohl als neutrales Substantiv, wie als Adverb aufgefasst werden.

b. Adjektivisch hat es

a. in distributiver Bedeutung das folgende Substantiv ohne Artikel bei sich 417 de totes parz. 768. 695 en **totes** corz. 346 A **totes** creatures. 158.

β. in determinativer Bedeutung aber immer das Substantiv mit dem Artikel oder einem Pronomen. 194 **Tuit** li os li croissirent. 542 Prenget li reis espees de **toz les** chevaliers. 558 **Toz** li celiers qui sont en la citet. 757. Hierhin gehört auch das singularisch als Neutrum von der Gesamtheit gebrauchte tot mit folgendem auf etwas Vorhergehendes zurückweisenden Demonstrativ ço 841 **Tot** ço laissiez ester. 323.

3. In der Bedeutung jeder kommt es nicht vor, da wird es vertreten durch

B. Chascun.

Das aus dem Nominativ quisque unus entstandene masc. chascuns zeigt unser Epos 2 mal: 353 **Chascuns** tient en sa boche un corn. 436 **Chascuns** des doze pers i at ja le soen pris, jedesmal in substantivischer Stellung. Daneben auch 2 mal das mit vollständiger Stammverkennung davon abgeleitete fem. chascune: 287 de **chascune** part in adjektivischer, 351 **Chascune** est a finor in substantivischer Stellung. Eine dem neufranzösischen chaque entsprechende Form findet sich nicht.

C. Tel.

Das indefinite demonstrative Pronomen der Qualität talis kommt in folgenden Formen vor:

	Singular		Plural	
	masc.	fem.	masc.	fem.
Nom.	(i)tels	–-	—	—
Cas. obl.	tel	(i)tel	—	tels

Es zeigt also erst eine Endung für masc. und femin. (cfr. Interrogativ quel). Es steht

1. adjektivisch bei dem Substantiv 50 Ne fut **itels** harnez. 169 **tels** reliques. 186. 498. 595. 666. 688. In 366 **Tel** nen out Alixandre ist das fehlende Substantiv palais durch en vertreten. In 586 Dorrai li un colp **tel** steht es appositiv hinter seinem Substantiv, aber es liegt Assonanz vor. — Das Korrelat ist bald com 50 Ne fut **itels** barnez com le soen, bald ein Relativ 186 Donrai vos **tels** reliques qui feront granz vertuz. 666, bald die Konjunktion que 498 Jo i vendrai corant par **tel** vigor que me . . . 586. 595. Einmal ist es ganz weggeblieben, wo man es erwarten sollte 169 Donrai vos **tels** reliques, ⌐ meillors nen at soz ciel. Die für das heutige Sprachgefühl im Verhältnis der Ueber- und Unterordnung stehenden Sätze treten dadurch koordiniert neben einander; eine Erscheinung, die sich recht oft in unserem Epos findet (cfr. Relativ 3). 10. 30. 196. 524. 683. 771. 801. 812.

2. **Adverbiell** nur einmal 66 und zwar **flektiert**, in der Bedeutung „ungefähr": Et tels mil chevaliers.

D. Tant, quant, molt, comblen.

1. Das **substantivische Tant** ist immer quantitativ, es steht immer im Sglr. und geht augenscheinlich auf ein neutrales tantum zurück; es regiert einen Genitiv. 665 Del vin et del claret **tant** oümes bebt. 843 Ja ont il **tant** del mien. 223 **Tant en** prengent Franceis com en voldront porter. 314. 315. 321 **Tant i at de** fin or.

2. Das **adjektivische tant** ist qualitativ, in der Bedeutung „so gross". 382 Laenz fait **tant** requeit et soef . . . 367 Ne n'out Creissenz de Rome qu'a **tante** honor bastit.

3. Das **adverbiale tant** fungiert in der Bedeutung „so sehr" und ist unveränderlich 379 li venz qui **tant** bruit et fremist. 10. 49. 131. 214. 233. 364. 379. 434. 486. 511. 519, ebenso wie das lateinische multum als **molt** in der Bedeutung „sehr", welches weitere adjektivische oder substantivische Verwendung in unserem Epos nicht findet. 17 **molt** en est coreciez. 18. 46. 112. 156. 218. 292. 345. 365 etc.

4. Als **Korrelat** zu **tant** findet sich bald **que dass** 93 Tant chevalchet li reis qu'il vint . . . 321. 524. 536. 665. 843, bald **com** 223 Tant en prengent com en voldrent. 245. 296. 314. 315. 324. 382. 403. 707. 840.

5. Das dem tant eigentlich entsprechende **quant** findet sich 2 mal, aber immer ohne das demonstrative tant, und dann in quantitativer Bedeutung und mit partitivem Genitiv. 229 Jo manderai mes homes **quant** qu'en porrai aveir. 627 Toz les gas li contat, **quant** que il en oït. Zu beachten ist, dass in beiden Fällen das Pluralzeichen fehlt, obwohl das demnach anzunehmende neutrale **quantum** zu dem Sinn kaum passt. Ueber aliquant cfr. unten, E 2.

6. Das im Neufranzösischen an die Stelle des interrogativen quant getretene **combien** findet sich in unserem Text nur an einer Stelle mit vorhergehendem **entre** 509 Entre or fin et argent guardez **combien** i at.

E. Plusor, alquant, ambore, unes, maint.

1. **Plusor** findet sich nur 2 mal und zwar mit dem bestimmten Artikel 339 La defors sont cornt li **plusor** . . . 818 Et Franceis les esguardent, li **plusor** en parolent. Es hat die Bedeutung „die meisten".

2. **alquant** „einige" kommt 3 mal substantivisch vor 271 E portent lor falcons et lor ostors **alquant**. 339. 685, das letzte Mal mit dem Artikel li: Del vin et del claret li **alquant** furent ivre.

3. Das einmal vorkommende **ambore** 656 Et si dient ambore, et saveir et folage steht in der Bedeutung des lateinischen Grundwortes ambo „beides zusammen".

4. Der Plural des Zahlworts **unes** hat die indefinite Bedeutung „einzelne" angenommen in 761 A **unes** forz estaches.

5. **maint** „manch" erscheint 2 mal im Sglr. und im Plur. in attributiver Stellung 212 Et **maintes** bones herbes. 510 Mainte feiz.

F. Altre, el — meïsme.

1. Das eingeschlechtige **altre** (Sglr., Nom. und cas. obl.) altres (Plur.) tritt in zwei Bedeutungen auf:

a. In der ursprünglichen lateinischen Bedeutung, „der andere von zweien". Im Plural kommt es auch in dieser Bedeutung vor und hat dann immer die Zweiteilung der gesamten Gegenstände oder Personen zur Voraussetzung. Es tritt in unserm Epos nur substantivisch auf (v. 548 bezieht es sich allerdings auf ein Substantiv im selben Satze: Et l'un acier a l'altre depecier), hat immer den bestimmten Artikel vor sich und im Sglr. meist seinen Gegensatz in li uns: Li uns esguardet l'altre. 373 Celes imagenes cornent, l'une a l'altre sorrist. 375 l'ans halt, li altre cler. 477. 608. 758 Or voll saveir des altres se feront ensement. 603 veant les altres. 616 Cist gas valt treis des altres.

Anmerkung. In 147. 253. 848 vont sei entrebaisier liegt ebenfalls ein solches reciprokes Verhältnis vor, doch hat sich die Sprache mit dem einfachen Reflexiv in starker Form begnügt.

b. Im Sinne des lateinischen alius bezeichnet es einen unbestimmten anderen und steht infolgedessen auch ohne den bestimmten Artikel, substantivisch wie adjektivisch. 84 Et font pleines les males de vaissels de deniers et d'altre guarnement. 211 altres bones espices. 354 altre venz. 503 Se pome m'en eschapet ne altre enchiet del poin. 724 De vos ferai ma drue, ja ne quier altre aveir.

2. Das lateinische **alius** hat sich nur einmal in seiner neutralen Form als Prädikat erhalten als el. 396 Sire, ne serat ja mais el?

3. Nom. meïsmes — Acc. meïsme werden nur in Bezug auf Personen gebraucht, die sie in ihrer Ausschliesslichkeit mit Nachdruck hervorheben. Dieses indefinite Fürwort steht als Adjektiv in Verbindung mit einem Substantiv vor demselben ohne Artikel 139 Ço est meïsmes Deus. 157. Den Personalpronominibus in schwerer Form folgt es nach 560 lui meisme. 767 mei meïsme.

G. Nul, rien, hoen (on).

1. **Nul** wird flektiert wie ein Adjektiv: nuls - nul — nule - nule. Der Plural findet sich nicht.

a. Es steht nur attributiv, immer in der Bedeutung von nllus und die negative Bedeutung durch ne hervorhebend. 454 Li reis nen at nul bacheler. 122 Ainz nen i sist nule hoen. 312. 463 Nen iert mais reçeûz par nul home. 599 Ne remaindrat nule bisse. Einmal kommt es ohne ne in einer positiven rhetorischen Frage vor 9 Dame, veïstes onques rei nul dedesoz ciel?

b. Das fehlende substantivische nul wird 2 mal vertreten durch ne + un. 812 N'i out un n'en parolt. 549 Ja ne troverez une qui m'ait en charn tochiet.

2. **Rien** tritt noch als reines weibliches Substantiv auf, aber nur in Verbindung mit dem adjektivischen nule, bei dem dann auch das ne nicht fehlen darf. 247 Nule rien qu'il demandent ne lor est demoret. 409. 703. 833.

3. Das Substantiv **hoen** tritt 5 mal augenscheinlich als indefinites Pronomen auf: **l'hoen - hoen - on**. 408 Entre ses deuz le dist, qu'on nel pout escolter. 442 Et li carboncles art, bien i poet hoeu veïr. 789. 850; einmal erscheint es noch in dieser Bedeutung mit dem Artikel, ohne dass euphonische oder gar deiktische Rücksichten ersichtlich wären. 846 Les mulz et les somiers lor tint **l'oen** as degrez.

Schulnachrichten.

Kuratorium und Lehrer-Kollegium der Realschule.

I. Kuratorium.

Herr Oberbürgermeister Küper, Vorsitzender.

„ Beigeordneter Emil de Greiff, Kommerzienrat.
„ Beigeordneter A. v. Helmendahl, Geh. Kommerzienrat (bis 1. Januar 1891).
„ Stadtverordneter W. Elfes,
„ Stadtverordneter Herm. von Beckerath (seit 1. Januar 1891).
„ H. Lagelée.
„ Königl. Maschineninspektor Rhode.
  Der Direktor.

II Lehrer-Kollegium.

Qnossek, Direktor.
Professor Dr. Hoedt, Oberlehrer.
Dr. Jansen, Oberlehrer.
Dr. Schmitz, Oberlehrer.
Stoffels, Oberlehrer.
Dr. Freund, Oberlehrer.
von Hugo, Oberlehrer.
Oberlehrer Müller, Zeichenlehrer.
Bremer, kath. Religionslehrer.
Bohle, ordentlicher Lehrer.
Dr. Weisflog, ordentlicher Lehrer.
Dr. Heitmann, ordentlicher Lehrer.
Dr. Junker, ordentlicher Lehrer.
Dr. Schürmeyer, ordentlicher Lehrer.
Bemme, ordentlicher Lehrer.

Dr. Ellenbeck, ordentlicher Lehrer.
Dr. Meier, ordentlicher Lehrer.
Schwab, wissenschaftl. Hülfslehrer.
Franck, wissenschaftl. Hülfslehrer.
Dr. Winter, wissenschaftl. Hülfslehrer.
Hehner, wissenschaftl. Hülfslehrer.
Hermanni, wissenschaftl. Hülfslehrer, i. W.
Holzapfel, Kandidat des höhern Schulamts.
Kaiser, Elementarlehrer.
Spans, Elementarlehrer.
Pfarrer Schütz, evangel. Religionslehrer.
Schewe, Lehrer der Vorschule.
Kemmerling, Lehrer der Vorschule.
Voos, Lehrer der Vorschule.

I. Allgemeine Lehrverfassung der Schule.

1. Zahl der Lehrstunden in den einzelnen Klassen und Unterrichtsgegenständen.

A. Realschule.

	VI C.	VI B.	VI A.	V C.	V B.	V A.	IV C.	IV B.	IV A.	III C.	III B.	III A.	II B.	II A.	I Inf.B	I Inf.A	I sup.	Sa.
Evang. Religionslehre . .	3	3	3	2	2	2	2	2	2	2	2	2	2	2	2	2	2	22
Kath. Religionslehre . .	3	3	3	2	2	2	2	2	2	2	2	2	2	2	2	2	2	22
Deutsch	4	4	4	4	4	4	4	4	4	3	3	3	3	3	3	3	3	60
Französisch	8	8	8	8	8	8	8	8	8	6	6	6	6	6	5	5	5	117
Englisch	—	—	—	—	—	—	—	—	—	5	5	5	5	5	4	4	4	37
Geschichte u. Geographie	3	3	3	3	3	3	4	4	4	4	4	4	4	4	3	3	3	59
Mathematik und Rechnen	5	5	5	6	6	6	6	6	6	6	6	6	6	6	5	5	5	96
Naturbeschreibung .	2	2	2	2	2	2	2	2	2	2	2	2	2	2	3	3	—	34
Physik .	—	—	—	—											4	4	4	12
Chemie . . .																	3	3
Schreiben .	2	2	2	2	2	2	2	2	2	—					—	—	—	18
Zeichnen	2	2	2	2	2	2	2	2	2	2	2	2	2	2	3	3	3	34
Summa	29	29	29	29	29	29	30	30	30	30	30	30	30	30	32	32	32	

B. Vorschule.

	A.	B.	C.	Sa.
Evangelische Religionslehre	2	2	2	2
Katholische Religionslehre	2	2	2	2
Deutsch	8	8	8	24
Rechnen	6	5	4	15
Schreiben	4	3	2	9
Gesang	1	1	1	2
Turnen	1	1	1	2
Summa	22	20	18	

Nr.	Lehrer.	I sup.	I inf. a.	I inf. b.	II a.	II b.	III a.	III b.	III c.
1	**Quossek**, Direktor.	5 Mathem.		4 Englisch					
2	**Prof. Dr. Roedt**, Oberl., Ord. I sup.	4 Physik i. S. 3 Chemie i. S. 3 Deutsch	4 Physik i. S. 3 Naturb. i. S.	4 Physik i. S.					
3	**Dr. Janssen**, Oberl., Ord. I inf. a.	6 Französ. 4 Englisch	5 Französ. 4 Englisch						
4	**Dr. Schmitz**, Oberl., Ord. I inf. b.	2 Geschichte 1 Geograph.	3 Deutsch 2 Geschichte 1 Geographie	Deutsch 5 Französ. 2 Geschichte 1 Geographie					
5	**Stoffels**, Oberlehrer, Ord. III b.				6 Französ.			3 Deutsch 6 Französ. 3 ev. Religion 3 Geschichte 2 Geographie	
6	**Dr. Freund**, Oberlehrer, Ord. II b.					6 Französ. 5 Englisch	2 ev. Religion		
7	**von Hugo**, Oberlehrer. Ord. II a.	4 Physik i.W. 3 Chemie i. W.	4 Physik i.W. 3 Naturb. i.W.	4 Physik i.W	2 Geograph. 6 Mathem. i.S. 2 Naturb. i. S.			6 Mathem. i.S. 2 Naturb. i. S.	
8	**Oberlehrer Müller**, Zeichenlehrer	3 Zeichnen	3 Zeichnen	3 Zeichnen	2 Zeichnen	2 Zeichnen	2 Zeichnen	2 Zeichnen	2 Zeichnen
9	**Bremer**, kath. Religionslehrer.		— 2 kath. Religion —		— 2 kath. Religion —		2 kath. Religion	2 kath. Religion	
10	**Bohle**, ord. Lehrer.		5 Mathem. — 2 Turnen —			6 Mathem. 2 Naturb. 2 Turnen			
11	**Dr. Weisflog**, ord. Lehrer. Ord. VI c.						2 Turnen	2 Turnen	
12	**Dr. Heltmann**, ord. Lehr., Ord. III c.								3 Deutsch 6 Französ.
13	**Dr. Junker**, ord. Lehrer. Ord. V b.		6 Mathem. 3 Naturb						6 Mathem. 2 Naturb.
14	**Dr. Schürmeyer**, ord. Lehrer, Ord. III a.						6 Französ. 5 Englisch		
15	**Hemme**, ord. Lehrer. Ord. VI a.				3 Deutsch 5 Englisch 2 Geschichte				
16	**Dr. Ellenbeck**, ord. Lehr., Ord. IV b.					3 Deutsch 2 Geschichte 2 Geographie			
17	**Dr. Meier**, ord. Lehrer. Ord. IV c.						6 Mathem. 2 Naturb. 3 Deutsch 3 Geschichte 2 Geograph.		
18	**Schwab**, wissensch. Hülfsl., Ord. V a.								
19	**Franck**, wissensch. Hülfsl., Ord. V c.								
20	**Dr. Winter**, wissensch. Hülfslehrer, Ord. VI c.								5 Englisch 2 Gesch 2 Geogr.
21	**Hehner**, wissensch. Hülfsl., Ord. IV a.								
22	**Hermanni**, wissensch. Hülfslehrer.				6 Mathem. i.W. 2 Naturb. i.W.			6 Mathem. i.W. 2 Naturb i. W.	
23	**Holzapfel**, Kandidat d. höh. Schulamts							(— 4 ev. Religion i. W. —)	
24	**Kaiser**, Elementarlehrer.								
25	**Spans**, Elementarlehrer.								
26	**Pfr. Schütz**, ev. Religionslehrer.		— 2 ev. Religion —		2 ev. Religion				
27	**Schewe**, Vorschullehrer.							2 Gesang	
28	**Kemmerling**, Vorschullehrer.								
29	**Voos**, Vorschullehrer.								
	Summa ohne Gesang und Turnen	32	32	32	30	30	30	30	30

Stunden unter die einzelnen Lehrer.

IV a.	IV b.	IV c.	V a.	V b.	V c.	VI a.	VI b.	VI c.	Vorkl. a.	Vorkl. b.	Vorkl. c.	Sa.
												9
												18 i. S.
												21
												30
			2 ev. Religion	2 ev. Religion								20
												24
2 Naturb. i. S.	2 Geogr. i. S.							2 Naturb. i. S.				21 i. S. 20 i. W.
2 Zeichnen	2 Zeichnen	2 Zeichnen	2 Zeichnen									24
2 kath. Religion	2 kath. Religion		2 kath. Religion	2 kath. Religion		3 kath. Relig.	3 kath. Relig.			2 kath. Religion		24
8 Mathem.												23
	6 Mathem. 2 Naturb.				2 Naturb.	2 Naturb.	6 Rechnen 2 Naturb.					24
			4 Deutsch 8 Französ. 1 Geschichte 2 Geograph.									24
				6 Rechnen 2 Naturb. 4 Deutsch 8 Französ. 1 Geschichte								24
						4 Deutsch 8 Französ. 1 Gesch.						23
2 ev. Religion	2 ev. Religion	4 Deutsch 8 Französ. 2 Geschichte				3 ev. Religion	3 ev. Religion					24
		4 Deutsch 8 Französ. 2 Geschichte 2 Geograph. 6 Mathem. 2 Naturb.	6 Rechnen 2 Naturb.									23
					4 Deutsch 8 Französ. 1 Gesch.							24
2 Geschichte 2 Geograph.								4 Deutsch 8 Französ. 1 Gesch. 2 Geogr.				24
4 Deutsch 8 Französ.							4 Deutsch 8 Französ.					24
2 Naturb. i. W.	2 Geogr. i. W.							2 Naturb. i. W.				22 i. W.
		(2 Französ. (Lect. i. W.)		(— 4 ev. Religion i. W. —)								(8 i. S. 10 i. W.)
2 Schreiben	2 Schreiben	2 Schreiben	2 Schreiben	2 Geograph. 2 Schreiben	2 Schreiben	2 Schreiben	2 Schreiben	2 Schreiben				23
						1 Gesch. 2 Geogr. 2 Geogr. 6 Rechnen	2 Geogr. 5 Rechnen 2 Gesang			6 Rechnen		24
												4
			2 Zeichnen 2 Gesang	2 Zeichnen				2 Gesang	4 Schreiben 1 Gesang 1 Turnen	8 Deutsch 4 Rechnen 2 Schreiben		28
									8 Deutsch 6 Rechnen			26
2 Turnen	2 Turnen		2 Turnen	2 Turnen		2 Turnen	2 Turnen		— 2 ev. Religion — 8 Deutsch 5 Rechnen 1 Gesang	4 Deutsch 4 Rechnen 1 Turnen		26
						2 Zeichnen	2 Zeichnen	2 Zeichnen				
30	30	30	29	29	29	29	29	29	22	20	18	

3. Absolvierte Lehrpensen.

A. Realschule.

Ober-Prima.

Ordinarius: Prof. Dr. Hoedt.

Religionslehre. a) evangelisch: Wiederholung der Bibelkunde, einzelner Lieder und Psalmen. sowie der Hauptfragen des Katechismus. Lektüre der wichtigsten Abschnitte des Römerbriefes. Die Hauptpunkte der Glaubens- und Sittenlehre. Die Kirchengeschichte der neueren Zeit mit kurzer Wiederholung der älteren. 2 St. Pfarrer Schütz.
b) katholisch: Die katholische Sittenlehre. Wiederholung der Glaubenslehre, besonders der Lehre von den h. Sakramenten. Die wichtigsten Ereignisse der Kirchengeschichte mit Berücksichtigung des Lebens der hervorragendsten Heiligen. Die wichtigsten Konfessionsunterschiede. 2 St. Bremer.

Deutsch. Kürzere Abhandlungen ästhetischen und historischen Inhalts, Charakteristiken und Vergleiche, Kritiken und Abhandlungen nach dem deutschen Lesebuche von Linnig II. T. Litteraturgeschichte im Anschlusse an die im Unterrichte gelesenen und besprochenen Dichter. Minna von Barnhelm. Die Wallenstein-Trilogie. Maria Stuart. Inhaltsangabe der Gudrun mit Proben aus einer guten Übersetzung. Freie Vorträge. Dispositionsübungen. Alle 4 Wochen ein Aufsatz. 3 St. Dr. Jansen.
Bearbeitet wurden folgende Themata:
1) Nelsons letzter Sieg und Tod in der Seeschlacht bei Trafalgar. 2) Welche Umstände führten i. J. 1806 zum Bruche Preussens mit Frankreich? 3) Der geschichtliche Hintergrund zu Rückerts Gedicht „Die Gräber zu Ottensen." 4) Die Vertreter des Soldatenstandes in Lessings „Minna von Barnhelm." 5) Wallensteins Lager, ein anschauliches Bild des Soldatenlebens im dreissigjährigen Kriege. 6))Welche Umstände haben zur Gründung und Kräftigung der englischen Seemacht beigetragen? 7. Der Abfall der Generale von Wallenstein.(Nach Schillers Drama „Wallenstein".) (Klassenarbeit.) 8) Der Ausspruch Goethes: „Gebraucht die Zeit, sie eilt so schnell von hinnen: Doch Ordnung lehrt euch Zeit gewinnen." In seiner Bedeutung für die Jugend. 9) Wodurch wurde Wallenstein in Schillers Drama zum Abfall vom Kaiser bewogen? (Aufsatz bei der schriftlichen Entlassungs-Prüfung.)

Französisch. Wiederholungen aus dem ganzen Gebiete der Syntax. Besonders eingehend wurden wiederholt das Pronomen, die Übereinstimmung des Verbs mit dem Subjekt, die Kasus der Verben, der Infinitiv mit und ohne Präposition und die Konjunktionen. Nach Plötz' Schulgrammatik. — Gelesen wurde Lanfrey, Campagne de 1806 et 1807 und Scribe, Le Verre d'Eau. Übungen im mündlichen Gebrauche der französischen Sprache. Einführung in die französische Korrespondenz. Jede Woche eine schriftliche Arbeit. 5 St. Dr. Jansen.

Englisch. Wiederholung des Pensums der Unter-Prima. Die Syntax des Adverbs und Verbs, die Präpositionen, Konjunktionen und Interjektionen nach Gesenius II, § 131—267. — Gelesen wurde Hume, Reign of Queen Elisabeth und Lamb, Six Tales from Shakspeare. Übungen im mündlichen Gebrauche der englischen Sprache. Einführung in die englische Korrespondenz. Alle 14 Tage eine schriftliche Arbeit. 4 St. Dr. Jansen.

Geschichte und Geographie. Wiederholung und Erweiterung der deutschen Geschichte vom Emporkommen des fränkischen Reiches bis zur neuesten Zeit unter steter besonderer Berücksichtigung der Entwickelung des brandenburgisch-preussischen Staates; Behandlung der ausserdeutschen Geschichte, soweit sie für das Verständniss der vaterländischen nötig ist. Nach Eckertz. — Europa und die Kolonieen der europäischen Staaten mit besonderer Berücksichtigung der Kolonieen Deutschlands. Die wichtigsten Verkehrswege und Verkehrsmittel, die Haupterzeugnisse des Bodens und die Bemühungen namentlich deutscher und englischer Forscher um die Aufdeckung des Innern von Afrika. Wiederholung der Grundlehren der mathematischen Geographie. Nach Daniel. 3 St. Dr. Schmitz.

Mathematik. Wiederholungen aus der Trigonometrie; Stereometrie. Ausgewählte Kapitel der synthetischen Geometrie, Konstruktionsaufgaben. Nach Reidt. Gleichungen zweiten Grades mit mehreren

Unbekannten, reduzierbare Gleichungen höhern Grades, Diophantische Gleichungen, arithmetische und geometrische Progressionen, Zinseszins- und Rentenrechnung. Nach Heilermann und Diekmann. 5 St.

Der Direktor.

In der schriftlichen Reifeprüfung wurden folgende Aufgaben bearbeitet:

1) Die Summe des ersten und fünften Gliedes einer geometrischen Progression vermehrt um den vierten Teil des zweiten Gliedes beträgt 18; die Differenz des vierten und zweiten Gliedes ist 8; wie heisst die Reihe?

2) Ein Dreieck zu konstruieren aus dem Radius des umbeschriebenen Kreises, einer Seite und der Entfernung des Mittelpunktes des umbeschriebenen Kreises von dem Mittelpunkte desjenigen Kreises, welcher die gegebene Seite und die Verlängerungen der beiden anderen berührt.

3) Ein Garten hat die Gestalt eines Rechtecks; die Thür liegt in einer der längeren Seiten und ist von der nächsten der beiden gegenüberliegenden Ecken um e Meter entfernt. Die Visierlinie von der Thür nach dieser Ecke bildet mit der genannten Seite den Winkel α, diejenige nach der andern Ecke schliesst mit derselben Seite den Winkel β ein. Wie gross ist der Garten? (lng. e = 27,5 m. α = 70° 30', β = 45° 20'.

4) Unter welcher Bedingung lässt sich in einen abgestumpften geraden Kegel eine die beiden Grundflächen und den Mantel berührende Kugel legen? Es soll der Radius dieser Kugel aus den Radien der Grundflächen berechnet und konstruiert werden.

Physik. Wärmelehre. Das Wichtigste aus der Akustik und aus der Optik. Wiederholung des gesamten Lehrstoffs. Nach Münch, Lehrbuch der Physik. 4 St.

Prof. Dr. Hoedt i. S., v. Hugo i. W.

Chemie. Die Metalloide und ihre wichtigsten anorganischen Verbindungen. Gewichts- und Volumenverhältnisse bei chemischen Prozessen. Erläuterung derselben an Beispielen und Aufgaben. Atomistische Molekulartheorie und Wertigkeit der Elemente. Säuren, Basen und Salze. Die wichtigsten Metalle und ihre hauptsächlichsten Verbindungen. Nach Rüdorff, Grundriss der Chemie. 3 St.

Prof. Dr. Hoedt i. S., v. Hugo i. W.

Zeichnen. Zeichnen nach Gipsmodellen auf farbiges Papier in zwei Kreiden mit Wischer und Stift oder auf farbiges Papier in abgesetzten Farbtönen. 3 St. Müller.

Unter-Prima.

Ordinarien: Coetus A: Oberlehrer Dr. Jansen; Coetus B: Oberlehrer Dr. Schmitz.

Religionslehre: a) evangelisch: 2 St. Kombiniert mit Ober-Prima.
b) katholisch: 2 St. Kombiniert mit Ober-Prima.

Deutsch: Aus dem Lesebuche von Lienig II. T. wurden prosaische Musterstücke zur Veranschaulichung der Kultur und Geschichte des klassischen Altertums, sowie Musterbeispiele zur Charakteristik hervorragender Schriftsteller vorgenommen. Ferner wurden schwierigere antike Balladen Schillers erklärt und einzelne auswendig gelernt, sodann solche Gedichte besprochen, die zur Charakteristik der hervorragendsten Dichter der neueren Blüteperiode dienen. Gelesen wurden in beiden Coetus Schillers „Wilhelm Tell", sowie die Legerlotzsche Übersetzung des Nibelungenliedes, dessen ganzer Inhalt fest eingeprägt wurde. Alle vier Wochen ein Aufsatz. 3 St. In beiden Coetus: Dr. Schmitz.

Bearbeitet wurden folgende Themata:

1) Die Kraniche des Ibykus. Bericht eines Augenzeugen. 2) Das Theater des Dionysos in Athen (nach einer in der Klasse hängenden Abbildung). 3) Wie gelang es den Griechen, sich Einlass in das lange von ihnen vergeblich belagerte Troja zu verschaffen? Nach Schillers Übersetzung des 2 Buches der Äneide Str. 3—45. 4) Wie stellt Schiller in seinem „Eleusischen Fest" den Übergang der Menschheit von der untersten Kulturstufe zur bürgerlichen Ordnung dar? 5) Was sagen die zeitgenössischen Dichter von Friedrich dem Grossen und seinen Thaten? 6) Das Eingreifen der Preussen in die Schlacht bei Waterloo. (Nach Thiers, Waterloo.) 7a) König Gunther auf der Isenstein. (Klassenaufsatz in U.-Ia.) 7b) Die Wirkung des vom Herzog von Braunschweig erlassenen Manifestes in Frankreich. Nach Erckmann-Chatrian, Campagne de Mayence. (Klassenaufsatz in U.-Ib.) 8) König und Hof nach dem Nibelungenliede. 9) Wie lernen wir Wilhelm Tell im ersten Anfang des Schillerschen Dramas kennen? 10a) Die Urgeschichte der Schweizer und ihr Verhältnis zu Kaiser und Reich nach Stauffachers Bericht. (Klassenaufsatz in U.-Ia.) 10b) Die Entwickelung der Handlung im dritten Aufzug von Schillers „Wilhelm Tell". (Klassenaufsatz in U.-Ib.)

Französisch. Wiederholung des Subjonctif, der Veränderlichkeit des Partizips und der Syntax des Artikels. Die Syntax des Adjektivs, des Adverbs und Pronomens, die Übereinstimmung des Verbums mit dem Subjekt, des Kasus der Verba. Der Infinitiv mit und ohne Präposition, die Konjunktionen. Nach Plötz' Schulgrammatik. Lekt. 66—79. Gelesen wurde Thiers, Waterloo und Erckmann-Chatrian, La Campagne de Mayence en 1792/93. Auswendiglernen von Gedichten. Übungen im mündlichen Gebrauche der französischen Sprache. Jede Woche eine schriftliche Arbeit. 5 St.

Coetus A: Dr. Jansen; Coetus B: Dr. Schmitz.

Englisch. Die Syntax des Artikels, Substantivs, Adjektivs, Zahlworts und Fürworts. Nach Gesenius II § 1—180. Gelesen wurde Scott, History of Scotland, und Lamb, Six Tales from Shakspere. Auswendiglernen Gedichten. Übungen im mündlichen Gebrauche der englischen Sprache. Alle 14 Tage eine schriftliche Arbeit. 4 St.

Coetus A: Dr. Jansen; Coetus B: Der Direktor.

Geschichte und Geographie. Griechische Geschichte mit Einschluss des Notwendigen aus der orientalischen. Römische Geschichte. Deutsche Geschichte bis zur Gründung der fränkischen Monarchie. Nach Dietsch und Eckertz. Asien, Amerika, Afrika, Australien physikalisch und politisch. Die hauptsächlichsten Verkehrswege. Nach Daniel. 3 St.

In beiden Coeten: Dr. Schmitz.

Mathematik. Umfang und Inhalt des Kreises, die merkwürdigen Punkte des Dreiecks, die Anfangsgründe der synthetischen Geometrie. Konstruktionsaufgaben. Geometrische Konstruktion algebraischer Ausdrücke. Ebene Trigonometrie. Wurzeln und Logarithmen. Gleichungen 2. Grades mit einer Unbekannten. Nach Heilermann und Diekmann. 5 St.

Coetus A: Bohle; Coetus B: Dr. Junker.

Physik. Einleitung in die Naturlehre. Allgemeine Eigenschaften der Körper und Aggregatzustände. Die Grundbegriffe der Mechanik. Das Wichtigste aus der Statik der festen, flüssigen und gasförmigen Körper. Magnetismus, Reibungselektricität, Galvanismus, Elektromagnetismus, Elektrodynamik und Induction. Nach Münch, Lehrbuch der Physik. 4 St.

In beiden Coeten: Prof. Dr. Hoedt i. S.; v. Hugo i. W.

Naturbeschreibung. Ausgewählte Kapitel der Anatomie und Physiologie der Pflanzen und Tiere. Besprechung einiger wichtiger Punkte der Gesundheitslehre. — Mineralogie: Kennzeichenlehre, besonders Krystallographie; chemische Grundbegriffe. Vorkommen, Beschreibung und Zusammensetzung der wichtigsten Mineralien. Nach Rüdorff. 3 St.

Coetus A: Prof. Dr. Hoedt i. S.; v. Hugo i. W.; Coetus B: Dr. Junker.

Zeichnen. (Coetus A kombiniert mit Ober-Prima.) Zeichnen nach leichteren Gipsmodellen (Ornamenten) mit Kohle oder schwarzer und weisser Kreide auf Tonpapier. Erklärung von Formen. Eingehende Besprechung und Erläuterung von Licht und Schatten, Lokalton, Schlagschatten und Reflexen. 3 St.

In beiden Coeten: Müller.

Sekunda.

Ordinarien: Coetus A: Oberlehrer v. Hugo; Coetus B: Oberlehrer Dr. Freund.

Religionslehre: a) **evangelisch:** Erklärung des Evang. Matthäi, insbesondere der Bergpredigt und der Gleichnisreden Jesu. Erklärung der Apostelgeschichte. Einzelne Lieder und Psalmen wurden gelernt. 2 St. Pfarrer Schütz.

b) **katholisch.** Die Lehre von der Person, dem Leben und dem Werke des Erlösers. Hauptinhalt der heiligen Schrift, besonders der Bücher des neuen Testamentes. Die wichtigsten Ereignisse der Kirchengeschichte. Erklärung und Auswendiglernen einiger Kirchenlieder. 2 St. Bremer.

Deutsch. Anleitung zum Disponieren und Aufsuchen der Disposition gelesener Stücke aus dem Lesebuche von Linnig II. T. Erlernung und Wiederholung schwierigerer Balladen von Uhland und Schiller; im Anschluss hieran biographische Mitteilungen und das Wichtigste aus der Metrik und der Lehre von den Tropen und Figuren. Aus der Grammatik von Wilmans II. Teil § 1—80 Laut, Silbe, Ton und Wortschatz, Wiederholung der Interpunktionslehre. Alle drei Wochen ein Aufsatz. 3 St.

Coetus A: Bemme; Coetus B: Dr. Meier.

31

Bearbeitet wurden folgende Themata:

Coetus A: 1) Welche Eigenschaften kennzeichnen Immermanns Hofschulzen als das Urbild eines echten deutschen Bauern? 2) Welche Erfindungen und Entdeckungen führen gegen Ende des Mittelalters eine neue Zeit herauf? 3) Bertran de Born in der Geschichte 4) Eine Rheinfahrt von Mainz nach Coblens. In Briefform. 5) Macbeth. I. Teil: Die Schuld (Klassenaufsatz) 6) Macbeth II Teil: Die Söhne. 7) Die Türken vor Wien. 8) Die Schlacht bei Hastings und der Zustand Englands nach der normannischen Eroberung. Eine Übersetzung aus Scott, Tales of a Grandfather. 9) Die Schlacht bei Prag und Schwerins Heldentod (Klassenaufsatz). 10) Das St Rochus-Fest zu Bingen. Nach Goethes Beschreibung des Festes. 11) Der Rhein in Eis gebannt 12) Das Schloss. Eine Beschreibung nach Uhlands Ballade: Des Sängers Fluch 13) König Roberts Flucht. Nach Scott, Tales of a Grandfather (Klassen-Aufsatz)

Coetus B: 1) Ein Femgericht. (Erzählung eines Freigesprochenen) 2) Der Hofschulze als das Bild eines westfälischen Bauern. 3) Bertran de Born 4) Schilderung einiger Vorgänge auf Samos während der Anwesenheit des Amasis. 5) Dionysius der Ältere. (Klassenaufsatz) 6) Ein Ferientag. 7) Die Osmanen vor Wien 1683. 8) Helgoland. (Nach einem in der Klasse hängenden Anschauungsbilde) 9) Die Schlacht bei Hastings. (Mit Benutzung der Gedichtes „Taillefer" (Klassenaufsatz). 10) Schilderungen nach Schillers: „Kampf mit dem Drachen." a) Auf dem Kampfplatze 11) b) Im Ordenssaale. 12) Eine Wasserfahrt. Im Anschlusse an den geographischen Unterricht) 13) Der Rückzug Napoleons aus Russland (Klassenaufsatz.)

Französisch. Teilweise Wiederholung des Pensums der Tertia; dazu aus Ploetz' Schulgrammatik Lektion 46—65, enthaltend den Gebrauch der Zeiten und Moden und die Syntax des Artikels. Gelesen wurde Erckmann-Chatrian, Histoire d'un Conscrit. Sprechübungen. Einige Gedichte wurden auswendig gelernt. Jede Woche eine schriftliche Arbeit. 6 St.

Coetus A: Stoffels; Coetus B: Dr. Freund.

Englisch. Wiederholung des Pensums der Tertia, dazu aus Gesenius I, Kap. 14—24, enthaltend die Steigerung der Adjectiva, das Adverb, Zahlwort, unbestimmte Fürwort, die Hülfsverben des Modus und die unregelmässigen Verben. Gelesen wurde Scott, Tales of a Grandfather. Daran anschliessend Sprechübungen. Auswendiglernen von Gedichten. Alle vierzehn Tage eine schriftliche Arbeit. 5 St.

Coetus A: Bemme; Coetus B: Dr. Freund.

Geschichte. Deutsche Geschichte vom Beginn der neueren Zeit bis zum Wiener Kongress. Kurze Übersicht über die folgende Zeit bis zum Frankfurter Frieden 1871. Nach Eckertz. 2 St.

Coetus A: Bemme; Coetus B: Dr. Meier.

Geographie. Deutschland in seinen natürlichen und politischen Verhältnissen mit besonderer Berücksichtigung des preussischen Staates. Die deutschen Kronländer Österreichs, die Schweiz, Belgien und Holland. Nach Daniel. 2 St.

Coetus A: v. Hugo; Coetus B: Dr. Meier.

Mathematik. Die Lehre von den Verhältnissen und Proportionen gerader Linien und von der Ähnlichkeit der Figuren, sowie die Sätze über Ausmessung von Parallelogrammen, Dreiecken, Trapezen und Polygonen. Die Berechnung des Kreisumfangs und des Kreisinhalts, Konstruktionsaufgaben. Nach Reidt. Die linearen Gleichungen mit einer und mehreren Unbekannten; zahlreiche eingekleidete Aufgaben zur Übung im Ansetzen von Gleichungen. Ausziehen der Quadrat- und Kubikwurzeln aus Zahlen und algebraischen Ausdrücken, Die Lehre von den Potenzeu mit ganzen positiven und negativen Exponenten, nach Heilermann und Diekmann. 6 St. Coetus A: v. Hugo i. S., Hermanni i. W. Coetus B: Bohle.

Naturbeschreibung. Übersicht über die niederen Pflanzen. Das Wichtigste von den Weichtieren. Würmern, Stachelhäutern, Pflanzentieren und Urtierchen. 2 St.

Coetus A: v. Hugo i. S., Hermanni i. W.; Coetus B: Bohle.

Zeichnen. Fortsetzung der Übungen der vorigen Klasse. Gezeichnet wurde nach den Übergangsmodellen von Heimerdinger; gegen Ende des Jahres wurden Flachornamente und andere nach Gipsmodellen in den Umrissen dargestellt. 2 St. In beiden Coetus: Müller.

Tertia.

Ordinarien: Coetus A: Dr. Schürmeyer; Coetus B: Oberlehrer Stoffels; Coetus C: Dr. Heitmann.

Religionslehre: a) evangelisch: Das Notwendigste aus der Bibelkunde, Hauptinhalt der Geschichtsbücher des alten Testamentes und Lektüre einzelner Abschnitte derselben. Vier Kirchenlieder und

Psalm 130 nebst Jes. 53, V. 3—5 wurden gelernt; ausgewählte Sprüche nach dem Kanon. Geographie des heiligen Landes. 2 St.   Beide Abteilungen: Dr. Freund.

b) katholisch. Die Lehre von der Gnade und von den Sakramenten. Erklärung des hl. Messopfers. Die Lehre von der Kirche. Einzelne Kirchenlieder wurden auswendig gelernt. 2 St.

Beide Abteilungen: Bremer.

Deutsch. Flexionslehre nach Wilmanns, II. Teil, S. 59—96. Gelesen wurden aus dem Lesebuche von Linnig II. T. einzelne Stücke über Mythologie, Bilder zur mittleren Geschichte des deutschen Volkes, Beschreibungen erzählender Art, geographische Bilder; erklärt und zum Theil auswendig gelernt wurden von epischen Dichtungen vorwiegend Uhlands und Schillers grössere Balladen, sowie lyrische Gedichte vorwiegend patriotischen Inhalts. Alle drei Wochen ein Aufsatz. 3 St.

Coetus A: Franck; Coetus B: Stoffels; Coetus C: Dr. Heitmann.

Französisch. Das Pensum der Quarta wurde wiederholt und als Klassenpensum aus Plötz' Schulgrammatik Lektion 24—45 durchgenommen. Gelesen wurde Rollin, Histoire de la Seconde Guerre Punique. Sprechübungen. Alle acht Tage eine schriftliche Arbeit. 6 St.

Coetus A: Dr. Schürmeyer; Coetus B: Stoffels; Coetus C: Dr. Heitmann.

Englisch. Durchgenommen wurden aus Gesenius I. T. die ersten 13 Kapitel. Die zusammenhängenden englischen Übungsstücke wurden gelesen, übersetzt und auswendig gelernt, die übrigen englischen, sowie die deutschen Übungsstücke sämtlich übersetzt. Sprechübungen. Alle vierzehn Tage eine schriftliche Arbeit. 5 St.   Coetus A: Dr. Schürmeyer; Coetus B: Stoffels; Coetus C: Dr. Winter.

Geschichte. Deutsche Geschichte bis zu Anfang der Reformation. Nach Eckertz. 2 St.

Coetus A: Franck; Coetus B: Dr. Freund; Coetus C: Dr. Winter.

Geographie. Geographie von Europa mit Ausschluss von Deutschland. Nach Daniel, 2 St.

Coetus A: Franck; Coetus B: Dr. Freund; Coetus C: Dr. Winter.

Mathematik. Abschluss des Rechnens durch eine kurze Wiederholung zu Anfang des Sommerhalbjahrs. Die Kreislehre und die Sätze über Flächen und Flächengleichheit gradliniger Figuren nebst den dazu gehörigen Verwandlungs- und Teilungsaufgaben. Konstruktionsaufgaben. Nach Reidt. Die Addition, Subtraktion, Multiplikation und Division von Zahlen und Polynomen. Die Verhältnisse und Proportionen. Nach Heilermann und Diekmann. 6 St.

Coetus A: Schwab; Coetus B: v. Hugo i. S.; Hermanni i. W.; Coetus C: Dr. Junker.

Naturbeschreibung. a) Im Sommer: Besprechung der Gräser, Seggen, Gymnospermen, Pflanzengeographie. b) Im Winter: Kurze, zusammenfassende Übersicht der Systematik der Wirbeltiere, Gliedertiere, besonders der einheimischen Arten. Nach Schilling.

Coetus A: Schwab; Coetus B: v. Hugo i. S.; Hermanni i. W.. Coetus C: Dr. Junker.

Zeichnen. Zeichnen nach Heimerdingers Holzmodellen I. Reihe. Jedes Modell wurde in sechs verschiedenen Stellungen gezeichnet und zwar im Zeichenblock mit Berücksichtigung perspektivischer Auffassung. 2 St.

In allen Coeten: Müller.

Quarta.

Ordinarien: Coetus A: Hehuer; Coetus B: Dr. Ellenbeck; Coetus C: Dr. Meier.

Religionslehre. a) evangelisch: Die nicht auf Sexta und Quinta vorgenommenen Geschichten des alten und neuen Testamentes. Nach Schumachers „Biblische Geschichten". Das „Vater unser" mit der nötigen Worterklärung, Erlernung von 4 Kirchenliedern und von Psalm 90 und 103. Ausgewählte Sprüche nach dem Kanon. Das Kirchenjahr. 2 St.   Beide Abteilungen: Dr. Ellenbeck.

b) katholisch: Die Gebote Gottes und der Kirche. Von der Sünde und der Tugend. Biblische Geographie. Erklärung und Einprägung von 7 Kirchenliedern. 2 St. Beide Abteilungen: Bremer.

Deutsch. Aus Linnig I. T. wurden Lesestücke über die deutsche Volkssage und Erzählungen aus der alten und deutschen Geschichte, auch einzelne geographische Beschreibungen vorgenommen. Ferner wurden leichtere Balladen und Romanzen gelesen und erklärt, sowie lyrische Gedichte vorwiegend patriotischen Inhalts acht Gedichte wurden auswendig gelernt. Der einfache nackte und der erweiterte Satz, der zusammengesetzte Satz, die Interpunktion, nach Wilmanns' deutscher Schulgrammatik II. T., § 138—222. Wiederholung der Regeln der Rechtschreibung. Alle drei Wochen ein Aufsatz. 4 St.

Coetus A: Hehner; Coetus B: Dr. Ellenbeck; Coetus C: Dr. Meier.

Französisch. Wiederholung der regelmässigen Konjugation, der persönlichen Fürwörter und der Regeln über die Veränderlichkeit des Participe passé. Alsdann wurden die ersten 23 Lektionen aus Ploetz' Schulgrammatik, die unregelmässigen Verben enthaltend, durchgenommen. Gelesen wurden Biographieen aus „Hommes célébres de l'histoire romaine" nach Duruy. Ausgabe von Glabbach. Sprechübungen. Jede Woche eine schriftliche Arbeit. 8 St.

Coetus A: Hehner; Coetus B: Dr. Ellenbeck; Coetus C: Dr. Meier.

Geschichte. Die wichtigsten Begebenheiten aus der griechischen Geschichte bis zum Tode Alexanders des Grossen, aus der römischen bis zum Beginne der Kaiserzeit, mit Zugrundelegung der Geographie des alten Griechenland und Italien. Nach Jäger. 2 St.

Coetus A: Franck; Coetus B: Dr. Ellenbeck; Coetus C: Dr. Meier.

Geographie. Die aussereuropäischen Erdteile. Die einfachsten Thatsachen der mathematischen Geographie. Nach Daniel. 2 St.

Coetus A: Franck; Coetus B: v. Hugo i. S., Hermanni i. W.; Coetus C: Dr. Meier.

Mathematik, Rechnen. Die geraden Linien und Winkel; die Lehre vom Dreieck, das Parallelogramm und das Trapez. Durchnahme der einschlägigen Fundamentalaufgaben und einfacher Konstruktionsaufgaben über das Dreieck. Nach Reidt. Zins- bezw. Prozentrechnung, Rabatt- nnd Diskonto-, Gesellschafts-, Mischungs- und Kettenrechnung. Nach Schellen. 6 St.

Coetus A: Bohle; Coetus B: Dr. Weisflog; Coetus C: Schwab.

Naturbeschreibung. a) im Sommer: Früchte, Samen, schwierigere Familien der Dikotylen und die wichtigsten Klassen der Monokotylen; b) im Winter: die Reptilien, Amphibien und Fische. Nach Schilling. 2 St. Coetus A: v. Hugo i. S., Hermanni i. W.; Coetus B: Dr. Weisflog; Coetus C: Schwab.

Zeichnen. Freihändiges Zeichnen nach Wandtafeln von Stuhlmann, Reihe B. und C.

In allen Coeten: Müller.

Schreiben. Übungen grösserer Vorschriften in deutscher und lateinischer Schrift. Rundschrift. 2 St.

In allen Coeten: Kaiser.

Quinta.

Ordinarien: Coetus A: Schwab; Coetus B: Dr. Junker; Coetus C: Franck.

Religionslehre. a) evangelisch: Ausgewählte biblische Geschichten des neuen Testamentes. Nach Schumachers „Biblische Geschichten". Die Glaubensartikel mit der nötigen Erklärung des Inhaltes; 4 Kirchenlieder wurden gelernt; ausgewählte Sprüche nach dem Kanon; Psalm 1 und 23. 2 St.

Beide Abteilungen: Dr. Freund.

b) katholisch: Das apostolische Glaubensbekenntnis. Die Lehre von der Gnade und den Sakramenten überhaupt. Erklärung des Kirchenjahres. Einzelne Kirchenlieder wurden gelernt. 2 St.

Beide Abteilungen: Bremer.

Deutsch. Wiederholung und Erweiterung des Pensums der Sexta. Die Satzlehre nach Wilmanns' Grammatik, I. T. Gelesen wurden aus Linnig, I. T., schwierige Fabeln, Märchen und Erzählungen, deutsche Heldensagen, einfache Beschreibungen, erzählende, sowie patriotische Gedichte; einzelne Gedichte wurden auswendig gelernt. Alle 14 Tage ein Aufsatz. 4 St.

Coetus A: Dr. Heitmann; Coetus B: Dr. Schürmeyer; Coetus C: Franck.

Französisch. Wiederholung der wichtigeren Lektionen des Sextapensums. Dazu aus Ploetz' Elementarbuch, Lekt. 51 bis Schluss: Zahlwörter, Article partitif, regelmässige Konjugation, persönliche Fürwörter, Veränderlichkeit des Participe passé, die gebräuchlichsten unregelmässigen Zeitwörter. Zusammenhängende Stücke. Sprechübungen. Jede Woche eine schriftliche Arbeit.

Coetus A: Dr. Heitmann; Coetus B: Dr. Schürmeyer; Coetus C: Franck.

ó

Geschichte. Der trojanische Sagenkreis und die deutschen Sagen; Erzählungen aus dem Leben hervorragender Persönlichkeiten der vaterländischen Geschichte. Nach Linnigs deutschem Lesebuch, I. T. 1 St.

Coetus A: Dr. Heitmann; Coetus B: Dr. Schürmeyer: Coetus C: Franck.

Geographie. Die physische und politische Geographie Europas mit besonderer Berücksichtigung Deutschlands. Nach Daniel. 2 St.

Coetus A: Dr. Heitmann; Coetus B: Kaiser; Coetus C: Spans.

Rechnen. Wiederholung des Sextapensums. Die Decimalbrüche; Regel de Tri in ganzen Zahlen; gemeine und Decimalbrüche. Zusammengesetzte Regel de Tri. Das Mass-, Münz- und Gewichtssystem. Nach Schellen. Geometrisches Zeichen. 6 St.

Coetus A: Schwab; Coetus B: Dr. Junker; Coetus C: Spans.

Naturbeschreibung. a) im Sommer: Wiederholung des Sextapensums. Die Blüte. Das Linnésche System und die leichteren Klassen der Dikotylen. b) im Winter: Die Vögel. Nach Schilling. 2 St.

Coetus A: Schwab; Coetus B: Dr. Junker; Coetus C: Dr. Weisflog.

Zeichnen. Verbindungen gerader Linien zu schwierigen Figuren ohne Hülfe eines Netzes nach Wandtafeln von Stuhlmann im ersten Tertial. Anwendung des Kreises, des Ovals, der Spirale in verschiedenen Kombinationen zu ornamentalen Formen im zweiten und dritten Tertial. 2 St.

Coetus A: Müller; Coetus B und C: Schewe.

Schreiben. Übungen in der Ausführung ganzer Sätze in deutscher und lateinischer Schrift. 2 St.

In allen Coeten: Kaiser.

Sexta.

Ordinarien: Coetus A: Bemme; Coetus B: Dr. Weisflog; Coetus C: Dr. Winter.

Religionslehre. a) evangelisch: Die biblischen Geschichten des alten Testamentes, nach Schumachers „Biblische Geschichten", mit Auswahl. Die 10 Gebote. Einige Kirchenlieder. Ausgewählte Sprüche nach dem Kanon. 3 St.   Beide Abteilungen: Dr. Ellenbeck.

b) katholisch: Die gebräuchlichsten Gebote. Das Wichtigste aus der Glaubenslehre. Das Allgemeine von den Sakramenten. Die Busse. Ausgewählte Abschnitte aus dem alten und neuen Testament. Die Evangelien und 6 Kirchenlieder. 3 St.   Beide Abteilungen: Bremer.

Deutsch. Wilmanns' Grammatik. I. T. bis S. 35, das Zeitwort und die Fürwörter. aber nur in soweit, als dies für den französischen Unterricht erforderlich war. — Orthographische und grammatische Übungen. — Erklärung und Einprägung von Lesestücken und Gedichten aus Linnig. I. T. Alle 14 Tage eine schriftliche Arbeit. 4 St.   Coetus A: Bemme; Coetus B: Hehner; Coetus C: Dr. Winter.

Französisch. Nach Ploetz' Elementarbuch, Lekt. 1—50, Deklination der Substantive, die Komparation der Adjektive, das bezügliche, fragende und hinweisende Fürwort und die Hülfsverba avoir und être. Sprechübungen. Wöchentlich eine schriftliche Arbeit. 8 St.

Coetus A: Bemme; Coetus B: Hehner; Coetus C: Dr. Winter.

Geschichte. Griechische und römische Sagen im Anschluss an einzelne Persönlichkeiten. Nach Linnigs deutschem Lesebuche, I. T. 1 St.

Coetus A: Bemme; Coetus B: Kaiser; Coetus C: Dr. Winter.

Geographie. Heimatskunde. Das Notwendigste aus der mathematischen Geographie. Übersicht von Europa; genauer die vier anderen Erdteile. Nach Daniel. 2 St.

Coetus A: Spans; Coetus B: Kaiser; Coetus C: Dr. Winter.

Rechnen. Wiederholung der vier Grundrechnungen mit unbenannten und benannten Zahlen. Die Rechnungen mit gewöhnlichen Brüchen. Nach Schellen. 5 St.

Coetus A: Spans; Coetus B: Dr. Weisflog; Coetus C: Spans.

Naturbeschreibung. a) im Sommer: Die einleitenden Begriffe. Kurze Übersicht über die einzelnen Hauptteile der Pflanzen: Wurzel, Stengel, Blatt. b) im Winter: Die Säugetiere. Nach Schilling. 2 St.

Coetus A: Dr. Weisflog; Coetus B: Dr. Weisflog; Coetus C: v. Hugo i. S.. Hermanni i. W.

Zeichnen. Nach Vorzeichnungen an der Wandtafel wurden gerade Linien verschiedener Richtung in Netzen gezeichnet, zu geradlinigen Mustern vereinigt und die Schraffierung einzelner Felder geübt. Ebenso wurden krumme Linien, der Kreis und die Ellipse in Verbindung mit Geraden eingeübt. 2 St.

In allen Coeten: Voos.

Schreiben. Die Buchstaben und ihre Verbindungen zu Wörtern in deutscher und lateinischer Schrift. 2 St.

In allen Coeten: Kaiser.

Von dem lehrplanmässigen Religionsunterrichte der Anstalt waren sieben katholische Schüler entbunden.

B. Vorschule.

Vorklasse A.

Ordinarius: Kemmerling.

Religion. a) evangelisch: Zwölf Geschichten des alten und zwölf Geschichten des neuen Testamentes. Die zehn Gebote. Das Vaterunser und einige andere Gebete. Einzelne Liederstrophen und biblische Sprüche wurden auswendiggelernt. 2 St.   Voos.

b) katholisch: Die gebräuchlichsten Gebete. Die Anfangsgründe der katholischen Religion, namentlich die Lehre von Gott. Ausgewählte biblische Geschichten aus dem alten und aus dem neuen Testamente. 2 St.

Bremer.

Deutsch. Leseübungen. Eingehende Besprechung einzelner Lesestücke. Erlernung von Gedichten. Die Biegung der Wortarten und ihre Anwendung in Sätzen. Ab- und Aufschreiben von Lesestücken mit Veränderung der Zahl-, Geschlechts- und Personen-Verhältnisse. Schärfung und Dehnung. Übung mit ähnlich lautenden Vokalen und Konsonanten. Wortbildung durch Vorsilben. Nachsilben und Zusammensetzung. Einiges aus der Satzlehre. 8 St.   Kemmerling.

Rechnen. Die vier Grundrechnungsarten mit unbenannten und benannten Zahlen im unbegrenzten Zahlenraume. Angewandte Aufgaben. 6 St.   Kemmerling.

Schreiben. Die deutsche und lateinische Schrift. 4 St.   Schewe.

Gesang. Melodische und rhythmische Übungen. Einstimmige Lieder. 1 St.   Schewe.

Turnen. Freiübungen. Spiele. 1 St.   Schewe.

Vorklasse B.

Ordinarius: Voos.

Religion. a) evangelisch: Kombiniert mit Vorklasse A. 2 St.

b) katholisch: Kombiniert mit Vorklasse A. 2 St.

Deutsch. Leseübungen. Kurze Besprechung von Lesestücken. Erlernung einiger Gedichte. Aufschreiben der Lesestücke. Diktierübungen. Deklination des Hauptwortes mit dem bestimmten und unbestimmten Geschlechtsworte. 8 St.   Voos.

Rechnen. Übung in den vier Rechnungsarten im Zahlenraume von 20 bis 100. Addition und Subtraktion im Zahlenraume von 100 bis 1000. 5 St.   Voos.

Schreiben. Einübung der deutschen Schrift. 3 St.   Voos.

Gesang. Melodische und rhythmische Übungen. Einstimmige Lieder. 1 St.   Voos.

Turnen. Freiübungen. Spiele. 1 St.   Voos.

Vorklasse C.

Ordinarius: S c h e w e.

R e l i g i o n. a) evangelisch: Kombiniert mit Vorklasse A. 2 St.

      b) katholisch: Kombiniert mit Vorklasse A. 2 St.

D e u t s c h. Der erste Teil der Crefelder Lese-Fibel wurde ganz durchgearbeitet; dann auch der grösste Teil des zweiten Teiles. Buchstabieren. Abschreiben der Lesestücke. Erlernen kleiner Gedichte. 8 St.
                                                  S c h e w e.

R e c h n e n. Addition und Subtraktion im Zahlenraume von 1 bis 100. 4 St.   S c h e w e.

S c h r e i b e n. Einübung der deutschen Schrift. 2 St.   S c h e w e.

G e s a n g. Kombiniert mit Vorklasse B. 1 St.

T u r n e n. Kombiniert mit Vorklasse B. 1 St.

Israelitischer Religionsunterricht.

    Die israelitischen Schüler der Anstalt wurden in der Religionslehre durch den Herrn Oberrabbiner Dr. H o r o w i t z zusammen mit denjenigen des hiesigen Gymnasiums und des Realgymnasiums in den Räumen der letztgenannten Anstalt unterrichtet. Es nahmen an diesem Unterrichte 36 Schüler der Realschule teil, welche, in drei Abteilungen eingeteilt, in je zwei wöchentlichen Lehrstunden folgende Lehrpensen absolvierten:

    A b t e i l u n g A (Prima und Sekunda). Religionslehre: Wiederholung der Glaubens- und Pflichtenlehre, sodann ausführliche Behandlung der Beweise für das Dasein Gottes. — Geschichte: Wiederholung, sodann Schicksale der Juden in den verschiedenen Ländern bis zur Zeit Moses Mendelssohns. — Ausgewählte Psalmen.

    A b t e i l u n g B (Tertia und Quarta). Religionslehre: Wiederholung und ausführliche Erklärung der 10 Gebote. — Biblische Geschichte bis zum Untergang des Reiches Juda. — Einige Gebete.

    A b t e i l u n g C (Quinta und Sexta). Gottes Eigenschaften und Werke. Biblische Geschichte bis Salomos Tod. Auswendiglernen von biblischen Versen. Einige Gebete. — Fest- und Gedenktage.

Technischer Unterricht.

a. Turnen.

    Die Schüler der Anstalt waren in zehn Turnabteilungen geteilt, von welchen auf die Klassen Prima und Sekunda je eine, auf Tertia, Quarta. Quinta und Sexta je zwei kamen. Jede Abteilung hatte wöchentlich zwei Turnstunden.

    In den sechs unteren Abteilungen wurden besonders einfache Frei-, Gang- und Ordnungsübungen betrieben, dazu kamen die Anfänge im Gerätturnen am Bock, Reck, Barren und Springel.

    In der dritten und vierten Abteilung trat das Gerätturnen mehr in den Vordergrund, bei den Freiübungen wurden leichte Eisenhanteln gebraucht.

    In den beiden ersten Abteilungen wurden schwierigere Gerätübungen, Hantel- und Eisenstabübungen sowie verwickeltere Ordnungsübungen vorgenommen.

    Die Zahl der vom Turnen befreiten Schüler betrug 40, darunter 12 wegen Teilnahme am Konfirmandenunterricht.

    Im Sommer wurde jede dritte Turnstunde zu Bewegungsspielen auf dem Turnplatze und auf einem von Herrn Rentner B i t t e r gütigst zur Verfügung gestellten grösseren Platze verwendet; ferner unternahmen alle Abteilungen der fünf unteren Klassen unter Leitung der Lehrer der Naturgeschichte sowie der Ordinarien zwei bis drei Ausflöge zum Sammeln von Pflanzen, und an einem, bezw. zwei halben Tagen machten die Schüler der Anstalt unter Leitung der Lehrer in mehreren Abteilungen eine Turnfahrt nach geeigneten Orten der Umgegend.

Mit der Leitung des Turnunterrichtes waren die ord. Lehrer B o h l e , Dr. W e i s f l o g und der Vorschullehrer K e m m e r l i n g betraut; die nach der Verfügung vom 10. Februar 1883 J.-Nr. 9899 S. c. eingerichtete engere Turnkonferenz bestand ausser den genannten Lehrern aus dem Direktor, dem Oberlehrer Dr. J a n s e n und den wissenschaftlichen Hülfslehrern S c h w a b und H e h n e r. Die drei letztgenannten Lehrer haben sich besonders um die Einführung von Jugendspielen an der Anstalt verdient gemacht, indem sie auf einem von Herrn Stadtverordneten und Fabrikbesitzer G o b b e r s gütigst zur Verfügung gestellten grösseren Platze an den freien Nachmittagen des Sommerhalbjahres mit freiwilligen Teilnehmern geeignete Spiele einübten.

b. Gesang.

Behufs Unterricht im Gesang waren die stimmbegabten Schüler der Anstalt von Quarta aufwärts zu einer Abteilung vereinigt, welche in zwei wöchentlichen Stunden unter Leitung des Lehrers S p a n s ihre Übungen abhielt, die Schüler der Quinta wurden zusammen durch den Lehrer S c h e w e, die der Sexta in zwei Abteilungen durch die Lehrer S p a n s und S c h e w e in zwei wöchentlichen Stunden unterrichtet.

II. Verfügungen der vorgesetzten Königlichen Behörden.

1. Coblenz, den 12. Dezember 1890, J.-Nr. 14447 S. C. Die bisherigen ordentl. Lehrer Dr. F r e u n d und v o n H u g o sind durch Verfügung des Herrn Ministers der geistlichen etc. Angelegenheiten vom 28. Nov-1890 U. II Nr. 8638 zu etatsmässigen Oberlehrern befördert worden.

2. Coblenz, den 1. Februar 1891, J.-Nr. 493 S. C. Die von dem Herrn Minister genehmigte „Allgemeine Schulordnung für die höheren Lehranstalten der Rheinprovinz" wird mit der Anweisung übersandt, dieselbe vervielfältigen zu lassen und beim bevorstehenden Schuljahrswechsel den Schülern bezw. Eltern bekannt zu geben. Nach § 1 dieser Schulordnung haben die Eltern eine Bescheinigung darüber auszustellen, dass sie von derselben Kenntnis genommen haben.

Die Verteilung der Schulordnung wird in der ersten Woche des neuen Schuljahres erfolgen.

III. Chronik der Schule.

Das Schuljahr 1890-91 nahm Montag, den 21. April, seinen Anfang, nachdem die Prüfung der neu eintretenden Schüler Sonnabend, den 19. April, stattgefunden hatte.

Mit Beginn des neuen Schuljahres wurde die Zahl der ordentlichen Lehrerstellen wieder um zwei vermehrt, welche den bisherigen wissenschaftlichen Hülfslehrern Dr. E l l e n b e c k und Dr. M e i e r verliehen wurden; gleichzeitig wurde dem Vorschullehrer K e m m e r l i n g die bislang von ihm provisorisch verwaltete Stelle endgültig übertragen; im Laufe des Schuljahres wurden die von den ordentlichen Lehrern Dr. F r e u n d und v o n H u g o bekleideten Stellen unter gleichzeitiger Beförderung ihrer Inhaber zu etatsmässigen Oberlehrerstellen erhöht. Der Kandidat des höheren Schulamts H e r m a n n i war behufs Vertretung eines erkrankten Lehrers während des Winterhalbjahres als wissenschaftlicher Hülfslehrer, der Kandidat des höheren Schulamts H o l z a p f e l, welcher zu Herbst sein pädagogisches Probejahr beendet hatte, war auch noch von Weihnachten bis Ostern zu seiner weiteren Ausbildung an der Anstalt beschäftigt.

6

38

Während des abgelaufenen Schuljahres erwuchsen der regelmässigen Erteilung des Unterrichts vielfache Schwierigkeiten; schon vor Beginn des Sommerhalbjahres war der ordentliche Lehrer B o h l e zu einer militärischen Übung einberufen worden, welche ihn bis zum 9. Juni von der Anstalt fern hielt; vom 16. Juni bis zum 28. Juli war der ordentliche Lehrer Dr. S c h ü r m e y e r zu einer Dienstleistung eingezogen, und am gleichen Tage trat der Oberlehrer Professor Dr. H o e d t wegen eines Halsleidens einen vierwöchentlichen Urlaub an, welcher zunächst bis zu den Herbstferien und schliesslich bis zum Ende des Schuljahres verlängert werden musste; auch dem Oberlehrer Dr. F r e u n d wurde vom 27. Juli bis zum Beginn der Herbstferien zur Hebung eines nervösen Leidens ein Urlaub von dem Königlichen Provinzial-Schul-Kollegium bewilligt. Vom 24. November ab war der ordentliche Lehrer Dr. W e i s f l o g zu einer militärischen Übung einberufen und vom 19. Januar bis zum 3. Februar musste auch der Direktor dem Unterrichte fern bleiben, weil seine Kinder am Scharlachfieber erkrankt waren. Die Amtsgeschäfte des Unterzeichneten führte während dieser Zeit der Oberlehrer Dr. J a n s e n. Vom 1. bis 13. März endlich wurde der wissenschaftliche Hulfslehrer Dr. W i n t e r durch eine Landwehr-Übung der Schule entzogen. Wie schon oben berichtet, wurde der wissenschaftliche Hülfslehrer H e r m a n n i zur Vertretung des Prof. Dr. H o e d t während des Winterhalbjahrs berufen; im Sommerhalbjahr hatte es aber der Anspannung aller verfügbaren Kräfte, namentlich aber des persönlichen Eintretens des Direktors bedurft, um den Unterricht vor empfindlichen Schädigungen zu bewahren.

Am 9. und 10. Mai wurde von dem General-Superintendenten der Rheinprovinz Herrn D. theol. H a u r der evangelische, am 20. und 21. November der katholische Religionsunterricht der Anstalt durch den Herrn Weihbischof Dr. F i s c h e r aus Köln einer Revision unterzogen.

Im Laufe des Schuljahres raffte der Tod zwei Männer hinweg, welche sich um das Gedeihen der Anstalt bleibende Verdienste erworben haben; am 9. Dezember 1890 starb zu Berlin der frühere Direktor der Königlichen Provinzial-Gewerbeschule, späteren Realschule, Herr Dr. A d o l f B e y s s e l, welcher der Anstalt seit Herbst 1852 als Lehrer angehört und sie als Direktor von Herbst 1865 bis zu seinem im Herbst 1883 erfolgten Eintritt in den Ruhestand durch wechselvolle Schicksale hindurch mit aufopfernder Treue und Hingabe geleitet hatte; sein Andenken wird in unserer Stadt, vor allem aber in den Herzen seiner zahlreichen Schüler, treu bewahrt werden. Am 29. desselben Monats verschied zu Mentone, wo er Heilung von seinem schweren Leiden gesucht hatte, der Geheime Kommerzienrat Herr A l e x a n d e r v o n H e i m e n d a h l, welcher dem Kuratorium der Anstalt vom 1. Januar 1879 bis zu seinem Tode ununterbrochen angehört hatte; die Verdienste, welche er in dieser Stellung sich um das Gedeihen der Anstalt erworben hat, sichern ihm ein bleibendes Andenken in der Geschichte der Realschule.

Der neunzigjährige Geburtstag Sr. Excellenz des General-Feldmarschalls Grafen v o n M o l t k e wurde der Allerhöchsten Bestimmung entsprechend im Kreise der Lehrer und Schüler durch Gesänge, Deklamationen und eine Festrede des ordentlichen Lehrers B o h l e gefeiert.

Die Geburts- und Sterbetage der verewigten Herrscher Wilhelm I. und Friedrich III. boten Veranlassung, die Schüler auf die unsterblichen Verdienste dieser edeln Monarchen hinzuweisen; die Festfeier des Allerhöchsten Geburtstages Sr. Majestät des regierenden Kaisers wurde am Vorabende, dem 26. Januar, in Gegenwart einer zahlreichen Zuhörerschaft im grossen Saale der Stadthalle begangen; die Festrede hielt der Oberlehrer S t o f f e l s, während passende Gesänge und Vorträge vaterländischer Dichtungen die Feier verherrlichten.

VI. Statistische Mitteilungen.

1. Frequenztabelle für das Schuljahr 1890-91.

	A. Realschule.								B. Vorschule.			
	I sup.	I inf.	II.	III.	IV.	V	VI.	Sa.	A.	B.	C.	Sa.
1) Bestand am 1. Februar 1890 . . .	4	40	46	73	105	125	130	524	33	26	11	70
2) Abgang bis Schluss des Schuljahres 1889-90	4	33	3	11	18	9	15	93	5	1	—	6
3a) Zugang durch Versetzung zu Ostern	5	39	56	79	103	100	20	402	22	11	—	33
3b) „ „ Aufnahme	—	—	1	4	4	11	77	97	3	3	14	20
4) Frequenz am Anfange des Schuljahres 1890-91	5	41	61	89	115	124	112	547	33	17	14	64
5) Zugang im Sommersemester	...	—	—	—	1	—	4	5	...	—	—	—
6) Abgang . .	—	4	2	7	2	3	3	21	3	3	1	7
7a) Zugang durch Versetzung zu Michaelis	—	—	...	—	—	—	—	—	—	—	—	—
7b) „ „ Aufnahme . .	—	—	1	—	1	—	4	6	3	—	—	3
8) Frequenz am Anfang des Wintersemesters	5	37	60	82	115	121	117	537	33	14	13	60
9) Zugang im Wintersemester .	—	...	1	—	—	1	—	2	—	—	—	—
10) Abgang „	—	2	2	6	7	1	18	1	—	1	2
11) Frequenz am 1. Februar 1891	5	37	59	80	109	115	116	521	32	14	12	58
12) Durchschnittsalter am 1. Februar 1891 .	17.5	16.7	15.8	14.2	13.6	12.6	11.2	—	9.4	8.3	7.1	—

2. Religions- und Heimatsverhältnisse der Schüler.

	A. Realschule.							B. Vorschule					
	Evangel.	Kathol.	Dissid.	Juden	Einheim.	Auswärt.	Ausländ.	Evangel.	Kathol.	Dissid.	Juden	Einheim.	Auswärt.	Ausländ.
1) Am Anfange des Sommersemesters . .	215	296	—	36	477	69	1	28	30	—	6	61	3	...
2) Am Anfange des Wintersemesters	212	290	—	35	468	68	1	27	29	—	4	58	2	
3) Am 1. Februar 1891 .	205	283	—	33	451	69	1	27	29	—	2	56	2	—

Das Zeugnis für den einjährigen Militärdienst haben erhalten Ostern 1890: 38, Michaelis 1890: 2 Schüler; davon sind zu einem praktischen Berufe abgegangen Ostern 1890: 33, Michaelis 1890: 2 Schüler.

3. Übersicht der Abiturienten.

Am 16. Februar ds. Js. fand unter dem Vorsitze des Königlichen Provinzial-Schulrates Herrn H e n n i n g die mündliche Entlassungsprüfung des Ostertermines statt. Die fünf Schüler der Ober-Prima hatten sich derselben unterzogen und erhielten sämtlich das Zeugnis der Reife.

Nr.	Name des Abiturienten.	Geburtsort.	Geburtstag.	Konfession	Des Vaters		Dauer des Schulbesuchs		Gewählter Beruf.
					Stand.	Wohnort.	überhaupt	in Prima	
1.	Jansen, Josef	Welkenraedt in Belgien	28. März 1872	kath.	Königl. Wiegemeister	Crefeld	6	2	Eisenbahn-Verwaltungsdienst
2.	Krüger-Velthusen, Max	Ruhrort	24. Dezember 1874	evang.	General-Agent	Crefeld	7	2	Bankfach
3.	Lade, Rudolf	Marten Kr. Dortmund	3. Juli 1872	evang.	Ingenieur	Crefeld	4¹/₄	2	Bankfach
4.	Poschen, Carl.	Crefeld	26. Mai 1874	kath.	Schuhmacher-meister	Crefeld	7	2	Kaufmännischer Beruf
5.	Ruloffs, Max	Crefeld	4. September 1873	evang.	Post-Secretär	Crefeld	7	2	Technische Laufbahn

Auf Grund ihrer Klassenleistungen sowie des Ausfalles der schriftlichen Prüfungsarbeiten wurde den Abiturienten P o s c h e n und R u l o f f s die mündliche Prüfung erlassen.

V. Sammlungen von Lehrmitteln.

1. An Geschenken wurden der Anstalt überwiesen:

a. Für die Lehrerbibliothek.

Von dem Königl. Provinzial-Schulkollegium zu Coblenz: Schwartzkoppen, Karl von François. Ein deutsches Soldatenleben. Nach hinterlassenen Memoiren. Schwerin 1873. Von der Velhagen und Klasingschen Buchhandlung: Martus, Raumlehre für höhere Schulen I. Teil. Ebene Figuren. Bielefeld 1890. Von der Hirtschen Verlagshandlung: Pahde, Landeskunde der preussischen Rheinprovinz. Breslau 1890. Von der Freytagschen Verlagshandlung: Cornelii Nepotis Vitae, für den Schulgebrauch erklärt von Weidner. 3. Aufl. von Schmidt. Nebst Kommentar. Leipzig 1890.

b. Für die naturbeschreibende Sammlung.

Von Herrn K. C a r s t a n j e n eine graue Gans, von Herrn K. H e r t z ein grosser Säger und ein Zwergsäger, von Herrn K. H i r t z ein grünfüssiges Rohrhuhn, von dem Sextaner H e u s s e n ein grosses Stiergehörn, von dem Quintaner K ü p p e r s ein Wespennest, von dem Quintaner S c h ä f e r eine grauköpfige Nonne, von dem Quartaner K a m p ein Gläschen mit Vanilleschoten, von dem Quartaner K i r c h e s eine kleine Bekkasino und ein Strandläufer, von dem Unterprimaner F. v. E l t e n ein Katzenfell zu elektrischen Versuchen und verschiedeue aus Pappe gefertigte Modelle für den krystallographischen Unterricht, von dem Oberprimaner R u l o f f s eine Kreuzotter in Spiritus.

Für diese Geschenke spricht der Berichterstatter im Namen der Anstalt den geziemenden Dank aus.

2. Aus den etatsmässigen Mitteln der Anstalt wurden angeschafft:

a. Für die Lehrer-Bibliothek.

Historische Zeitschrift, herausgegeben von H. v. Sybel und M. Lehmann. Neue Folge, 29. Bd., München und Leipzig 1890. Mitteilungen aus der historischen Litteratur, herausgegeben von der historischen Gesellschaft in Berlin, redigiert von F. Hirsch, Jahrgang XVIII, Berlin 1890. Jahresberichte der Geschichtswissenschaft, im Auftrage der historischen Gesellschaft in Berlin, herausgegeben von Jastrow, XI. Jahrgang 1888, Berlin 1891. Deutsche Litteraturzeitung, herausgegeben von Fresenius, Berlin 1890. Zeitschrift für den deutschen Unterricht, herausgegeben von Lyon, 5. Jahrgang, Leipzig 1891. Litteraturblatt für germanische und romanische Philologie, herausgegeben von Behaghel und Neumann, XI. Jahrgang, Heilbronn 1890. Blätter für höheres Schulwesen, herausgegeben von Steinmeyer, VII. Jahrgang, 1890. Zeitschrift für lateinlose höhere Schulen, herausgegeben von Weidner, Hamburg 1890. Rethwisch, Jahresberichte über das höhere Schulwesen, IV. Jahrgang 1889, Berlin 1890. Centralblatt für die gesamte Unterrichtsverwaltung in Preussen, Jahrgang 1890, mit zwei Beilagen, Berlin 1890. Zeitschrift für französische Sprache und Litteratur, herausgegeben von Behrens und Knerling, Oppeln und Leipzig 1889/90. Englische Studien, Organ für englische Philologie, herausgegeben von Kölbing, Leipzig 1890. Zeitschrift für Schul-Geographie, herausgegeben von Seibert, Wien 1890. Wagners Jahresbericht über die Leistungen der chemischen Technologie für das Jahr 1889, herausgegeben von Fischer, Neue Folge, XX. Jahrgang, Leipzig 1890. Fresenius, Zeitschrift für analytische Chemie, Wiesbaden 1890. Annalen der Physik und Chemie, herausgegeben von Wiedemann, Neue Folge, Bd. 37, Leipzig 1890. Berichte der deutschen chemischen Gesellschaft, 23. Jahrgang, Berlin 1890. Register zu den Verhandlungen der Direktoren-Versammlungen, umfassend Bd. 1—34, zusammengestellt von Warnkross, Berlin 1890. Verhandlungen der Direktoren-Versammlungen, 35. Band, Berlin 1890. Lehrproben und Lehrgänge aus der Praxis der Gymnasien und Realschulen, herausgegeben von Frick und Meyer, Heft 23—26, Halle 1890. Allgemeine deutsche Biographie. 30. Bd., herausgegeben durch die historische Kommission bei der Königl. Akademie der Wissenschaften. Leipzig 1890. Bibliothek deutscher Geschichte, herausgegeben von Zwiedineck-Südenhorst, Lieferung 47—58, Stuttgart 1890. Deutsches Wörterbuch von J. und W. Grimm, Bd. 8 Lieferung 4/5. Bd. 11 Lieferung 1/2. Grundriss der germanischen Philologie, herausgegeben von G. Paul, Bd. I, Lieferung 4/5, Bd. 2, Lieferung 3/4, Strassburg 1890. Lohmeyers Wandbilder für den geschichtlichen Unterricht. 4 Bilder mit erläuterndem Text und zeitgenössischem Bericht, Berlin 1890. Heymann und Uebel, Kommentar zu Lehmanns kulturgeschichtlichen Bildern, Heft 3. Leipzig 1890. Hottenroth, Trachten, Haus-, Feld- und Kriegsgerätschaften der Völker alter und neuer Zeit, 2. Auflage, 19. Lief. Stuttg. o. J. Baumeister. Bilder aus dem griechischen und römischen Altertum, München 1889. Güssfeldt, die Erziehung der deutschen Jugend, Berlin 1890. Göring, die neue deutsche Schule. Ein Weg zur Verwirklichung vaterländischer Erziehung. Leipzig 1890. Schiller, pädagogische Seminarien für das höhere Lehramt, Leipzig 1890. Jütting und Weber, Anschauungsunterricht und Heimatskunde, Leipzig 1889. Zuck, Katechesen über die fünf Hauptstücke des kleinen Katechismus Luthers, Dresden 1890. Zuck, die biblischen Geschichten des alten und neuen Testaments auf der Mittelstufe. Eine Anleitung zur Behandlung. Dresden 1889. Rambeau, die Phonetik im französischen und englischen Klassenunterricht, Hamburg 1888. Walter, der französische Klassenunterricht. I. Unterstufe. Entwurf eines Lehrplans. Marburg 1888. Thieme-Preusser. Kritisches Wörterbuch der englischen und deutschen Sprache, Hamburg o. J. Annandale, A Concise English Dictionary, London 1890. Fölsing-Koch, wissenschaftliche Grammatik der englischen Sprache, Berlin 1889. Schnippel, ausgeführter Lehrplan im Deutschen für die mittleren und oberen Klassen, Berlin 1891. Dorenwell, der deutsche Aufsatz in unteren und mittleren Klassen, Hannover 1890. Leineweber, Behandlung der Lesestücke in mittleren und oberen Klassen. Heffner, Erklärungen deutscher Lesestücke. Tauberbischofsheim 1891. Duden, orthographisches Wörterbuch der deutschen Sprache, 3. Auflage. Leipzig 1890. Dunger, Wörterbuch von Verdeutschungen entbehrlicher Fremdwörter, Leipzig 1882. Klee, die deutschen Heldensagen, 3. Auflage, Gütersloh 1889. Schilling, Quellenbuch zur Geschichte der Neuzeit, 2. Auflage, Berlin 1890. Jastrow, Geschichte des deutschen Einheitstraums und seine Erfüllung, 3. Auflage, Berlin 1890. Müller, politische Geschichte des Jahres 1889, Berlin 1890. Heinze, die Hohenzollern in ihren landesväterlichen Bestrebungen, 2. Auflage, Hannover 1890. G. von Treitschke, Deutsche Geschichte im neunzehnten Jahrhundert. 4 Bände,

Leipzig 1886/89. Stanley, Im dunkelsten Afrika, übersetzt von G. von Wobeser, 2 Bde., Leipzig 1890. Jephson und
Stanley, Emin Pascha und die Meuterei in Aequatoria, Leipzig 1890. Wissmann, Unter deutscher Flagge quer durch
Afrika, Berlin 1890. Orth, Liederbuch für Deuschlands Jugend, Darmstadt o. J. Doetsch, Borussia, Eine Samm-
lung Königs- und Vaterlandslieder, Neuwied o. J. Gartz, Sammlung neuer Lieder, Halle o. J. Eitner, Die
Jugendspiele. Ein Leitfaden bei der Einführung und Übung von Turn- und Jugendspielen, Kreuznach 1890.
Fuhrmann, Synthetische Beweise planimetrischer Lehrsätze, Berlin 1890.

b. Für die Schülerbibliothek.

Gudrun, Nibelungenlied, Ausg. v. Bacmeister. Das höfische Epos von Bechstein, David Müller,
Geschichte des deutschen Volkes. Schalk, Heldenfahrten. Reichenbach, Buch der Tierwelt I und II. Die Kriege
gegen Dänemark 1864. Der Krieg zwischen Deutschland und Frankreich. Auszüge aus dem Generalstabswerk.
Der Krieg von 1870-71, dargestellt von Mitkämpfern, herausgegeben von Tanera, 7 Bände. Wildenbruch,
Sedan; Vionville. Kallsen, Friedrich Barbarossa. Adami, Königin Luise. Erckmann-Chatrian, L'Invasion;
Contes populaires. Waterloo; Madame Thérèse. Béranger, Auswahl von 50 Liedern. Lanfrey, Expédition
d'Égypte. Molière, L'Avare. Mignet, Histoire de la Révolution, 2 Bdch. Saint-Pierre, Paul et Virginie.
Thiers, Campagne d'Italie; Napoléon à Ste. Hélène; Quatre-Bras et Ligny. Souvestre, Au Coin du Feu. Töpffer,
Nouvelles Genevoises. 4 Bdch. Verne, Cinq semaines en Ballon; Voyage au centre de la Terre; Le Tour du
Monde en 80 jours. Von der Erde zum Monde: Leiden eines Chinesen; Chancellor; Schwimmende Stadt;
Abenteuer von drei Russen; Idee des Dr. Ox: Reise um den Mond. Cooper, Pfadfinder, The Last of the
Mohicans. Marryat, Peter Simpel. Scott, Quentin Durward; Waverley. 2 Bdch.; The Lady of the Lake.
Shakespeare, Julius Caesar; The Merchant of Venice. Washington Irving, Abbotsford. Scherer, Deutschland
im Liede. Redwitz, Das Lied vom neuen deutschen Reich. Berndt, Leben Karls des Grossen. Hahn,
Wilhelm I. Dahlmann, Französische Revolution; Ders. Englische Revolution. Wolfram v. Eschenbach, Parzival.
Rossmässler, Vier Jahreszeiten. Freytag, Nibelungenlied. Wagner, Entdeckungen in der Wohnstube I., im Walde II.
Stein, Kaiser und Kurfürst. Dahn, Walhalla. Galland, Histoire de Sindbad; Histoire d'Ali-Baba; Histoire
d'Aladin; The Story of Sindbad. Swift, A voyage to Brodaignay. Ausgewählte Schriften von Bonnet,
Conscience, Berchenbach, Hoecker. Hoffmann, Horn. Kroener. Nieritz, Schmidt, Schupp.

c. Für die Sammlung der geographischen Lehrmittel.

H. Weidt, physikalischer Schulglobus. Verl. v. Rosenbaum. Berlin. Karte von Kamerun u. Togo,
herausgeg. v. d. deutschen Kolonialgesellschaft. Karte von Süd-Afrika, herausgeg. v. d. deutschen Kolonialgesellschaft. Deutsches Reich, Verlag von F. Halbig, Miltenberg 1890. Balkan-Halbinsel, herausgeg. v. Sydow-
Habenicht. 3 Kartenhalter v. M. König, Verlag von Schleenstein und Holzapfel, Cassel.

d. Für die naturbeschreibende Sammlung.

Edelmarder, Tigerkatze, wildes Kaninchen, Zwergfledermaus, frühfliegende Fledermaus, grossöhrige
Fledermaus, Sumpfweihe, Baumohreule, Würgfalke, Feldlerche, Uferschwalbe, Buchfink (Weibchen). Bastard
zwischen Kanarienvogel und Distelfink, Sprosser, Schwarzkehlchen, Rosenstaar, kleiner Buntspecht, Turteltaube,
Ringeltaube, Rebhuhn (Männchen), grosse Trappe, weisser Storch, nordischer Seetaucher, dumme Lumme.
Kormoran, grosser Säger, Tafelente (Männchen), Löffelente (dgl.), Skelett des Pelikans. Olm (Spiritus), Meta-
morphose des Wasserfrosches. Metamorphose des Molches. Makrele (ausgestopft). Schleihe (dgl.), Rotauge
(dgl.), Barsch (dgl.), Tintenfisch (Spiritus), Papiernautilus, Sammlung von 45 Gehäusen von Schnecken und
Muscheln, echte Perlmuschel, Riesenmuschel, Bohrmuschel, von Bohrmuscheln angebohrtes Holzstück, Fluss-
perlmuschel, Haarstern (Spiritus). Herzigel, Wurzelmundqualle (Spiritus), Flussschwamm (dgl.), Orgelkoralle,
Seefeder, Meerrose (Spiritus), Sammlung von 16 mikroskopischen Präparaten (Gliedertiere, Würmer, Echino-
dermaten, Bacillen), Modell der Blüte von Fraxinus excelsior, dgl. von Juglans regia, dgl. von Fagus silvatica
(männlich und weiblich). Zippel und Bollmann, Ausländische Kulturpflanzen. 36 Tafeln.

VI. Stiftungen.

Das Stipendium der Kirschkamp-Stiftung erhielt im verflossenen Schuljahre der Ober-Primaner Ruloffs, je ein Anteil der Jubiläums-Stiftung wurde den Ober-Primanern Jansen und Lade verliehen.

VII. Mitteilungen an die Schüler und deren Eltern.

Das neue Schuljahr beginnt Montag den 13. April, morgens 8 Uhr; die Prüfung neuer Schüler findet Sonnabend den 11. April, vormittags 9 Uhr, statt. Anmeldungen nimmt der Unterzeichnete Freitag den 10. April, vormittags 8—12 Uhr, in seinem Amtszimmer im Schulgebäude entgegen.

Zur Aufnahme in die unterste Klasse der Vorschule sind Vorkenntnisse nicht erforderlich.

Zur Aufnahme in die Sexta, welche mit vollendetem 9. Jahre erfolgen kann, ist erforderlich: Geläufigkeit im Lesen deutscher und lateinischer Druckschrift; eine leserliche und reinliche Handschrift; Fertigkeit, Diktiertes ohne grobe orthographische Fehler nachzuschreiben; Sicherheit in den vier Grundrechnungsarten mit benannten Zahlen; Bekanntschaft mit den Geschichten des alten und neuen Testamentes.

Bei der Anmeldung neuer Schüler ist ein **Geburtschein**, ein Abgangszeugnis der zuletzt besuchten Schule oder ein beglaubigtes Zeugnis über etwaigen Privatunterricht und Betragen, sowie ein Impfschein, bei Schülern, welche das 12. Lebensjahr vollendet haben, eine Bescheinigung über die erfolgte zweite Impfung vorzulegen.

Crefeld, den 24. März 1891.

Quossek,
Realschul-Direktor.

www.ingramcontent.com/pod-product-compliance
Lightning Source LLC
Chambersburg PA
CBHW021442090426
42739CB00009B/1606